# 세상을 바꾸는
# 여성 엔지니어 17

| 새로운 도약과 화합 |

# 세상을 바꾸는
# 여성 엔지니어 17

## 새로운 도약과 화합

**초판 1쇄 인쇄일** 2022년 11월 08일
**초판 1쇄 발행일** 2022년 11월 18일

**지은이** (사)한국여성공학기술인협회
**펴낸이** 양옥매
**디자인** 송다희 표지혜

**편집위원회**
**위원장** 나정은 연세대학교 교수
**위　원** 김　희 포스코 상무
　　　　 김효정 부산대학교 교수
　　　　 신외경 한국자동차연구원 본부장
　　　　 이지연 ㈜디에스엠 뉴트리션 코리아 이사
　　　　 이경자 인하대학교 교수
　　　　 황진경 ㈜KT 부장
　　　　 정세진 (사)WiTeck 선임연구원

**펴낸곳** 도서출판 책과나무
**출판등록** 제2012-000376
**주소** 서울특별시 마포구 방울내로 79 이노빌딩 302호
**대표전화** 02.372.1537　**팩스** 02.372.1538
**이메일** booknamu2007@naver.com
**홈페이지** www.booknamu.com
**ISBN** 979-11-6752-211-5(03300)

# 세상을 바꾸는 여성 엔지니어 17

| 새로운 도약과 화합 |

한국여성공학기술인협회
Women In Science, Engineering and Technology in Korea

(사)한국여성공학기술인협회 펴냄

# Bridge over the world

**최순자** 초대 · 2대 회장
(사)인천아카데미 이사장(前 인하대 총장)

1970년 1월에 리코딩되어 발매된 Simon & Garfunkel의 노래 〈Bridge over troubled water〉가 있습니다. 1절의 가사는 다음과 같은데 "당신이 어려울 때, 험한 세상의 다리가 되어 희생하겠다"는 내용입니다.

4

*Bridge over troubled water*
험한 세상의 다리가 되어

*When you're weary*
언젠가 당신이 지치고 작다고 느낄 때
*Feeling small When tears are in your eyes*
언젠가 당신이 눈물을 흘릴 때
*I will dry them all*
내가 눈물을 닦아 줄게요

*I'm on your side, oh When times get rough*

세월이 거칠거나 주변에 친구가 없을 때

*And friends just can't be found*

내가 당신 편에 있을게요

*Like a bridge over troubled water*

험한 세상의 다리와 같이

*I will lay me down*

나를 버리고 희생할게요

*Like a bridge over troubled water*

험한 세상의 다리가 되어

*I will lay me down*

나를 희생할게요

창립 18주년을 맞이하는 (사)한국여성공학기술인협회의 대표 사업의 하나인 『세상을 바꾸는 여성엔지니어(줄임말: 세·바·여)』 17편 출간을 축하합니다. 2004년 산업자원부의 여성공학기술인 육성 및 활용 정책의 일환으로 우리 협회가 만들어지면서 한국공학한림 원 지원으로 첫 세·바·여가 출간되었습니다. 그 후 오늘에 이르 기까지 세·바·여 출간은 산업체, 연구소, 교육 및 공공기관 등 에 근무하는 여성공학인 발굴 및 활용을 극대화하는 데 기여하고 있습니다.

세.바.여 17편에서 다양한 글을 써 주신 집필진 여러분이 아직 도 남성 지배 사회에서 힘들어하는 후배들에게 "Bridge over the world(세상의 다리가 되어)" 큰 용기를 주기 바랍니다.

# 우리는
# 아름다운
# 여성 엔지니어입니다

**성미영** 한국여성공학기술인협회 회장

『세상을 바꾸는 여성 엔지니어』(줄임말: 세·바·여)는 한국여성공학기술인협회에서 발간하는 도서입니다. 2004년 협회가 설립되던 해에 창간되어 그동안 1권부터 16권이 e-book 시리즈와 함께 발행되었습니다. 올해 협회의 창립 18주년을 맞이해 세·바·여 17권을 출간하게 되어 무척 기쁘고 진심으로 축하합니다.

이 자리를 빌려 우리 협회를 세우시고 세·바·여를 창간해 주신 최순자 초대 회장님, 그리고 변함없는 애정으로 도와주시는 이영희 명예회장님, 이효숙 명예회장님, 최영미 명예회장님, 송정희 명예회장님, 오명숙 명예회장님, 정경희 명예회장님, 이재림 명예회장님께 감사의 말씀을 드립니다. 아울러 협회를 위해 귀한 시간과 노고를 쏟아 주시는 제10대 임원님들께도 깊이 감사드립니다. 무엇보다도 세·바·여 17권 출간을 위해 애써 주신 협회의 회원서비스위원회 위원님과 연구원님, 그리고 모든 집필진께 진심으로 감사하는 마음을 전합니다.

세·바·여는 산업현장에서 활약하는 여성 엔지니어들을 발굴하여 그들의 도전과 열정, 그리고 용기와 인내를 공유함으로써 스스로의 발전을 더욱 이끌어 내고 우리나라를 기술 강국으로 견인하는 동력이 되게 하고자 발간되었습니다. 1권부터 이번의 17권까지 모두 342인의 여성 엔지니어들이 진솔한 경험과 열정적인 삶을 오롯이 담아 주신 소중한 글들을 읽고 온전한 공감으로 감동하면서 여성 엔지니어로서 큰 자부심을 느꼈습니다.

세·바·여의 부제들도 참으로 멋지고 미래 지향적으로 잘 지었습니다.

- 세상을 바꾸는 여성 엔지니어 1 대한민국 이공계를 이끄는 당찬 여성들의 이야기
- 세상을 바꾸는 여성 엔지니어 2 여성 공학인들이여, 이제 그대들이 세상을 품어라
- 세상을 바꾸는 여성 엔지니어 3 대한민국 2.0 여성 공학인의 손으로 설계한다
- 세상을 바꾸는 여성 엔지니어 4 여성엔지니어 공학기술과 사랑에 빠지다
- 세상을 바꾸는 여성 엔지니어 5 대한민국 1% 여성엔지니어들이 들려주는 내 생애 가장 아름다운 선택
- 세상을 바꾸는 여성 엔지니어 6 여자, 꿈을 이루다
- 세상을 바꾸는 여성 엔지니어 7 세상을 향해 별을 쏘다
- 세상을 바꾸는 여성 엔지니어 8 성공하는 여자는 울타리를 치지 않는다

- 세상을 바꾸는 여성 엔지니어 9 나는 공학인이다
- 세상을 바꾸는 여성 엔지니어 10 꿈꿀 수 있다면 도전하라
- 세상을 바꾸는 여성 엔지니어 11 두려워하지 마, 나도 그랬어
- 세상을 바꾸는 여성 엔지니어 12 #여자 #공학인 #4차 산업 혁명
- 세상을 바꾸는 여성 엔지니어 13 창업 · 융합
- 세상을 바꾸는 여성 엔지니어 14 퓨처팩토리, 여성의 힘으로 이끈다
- 세상을 바꾸는 여성 엔지니어 15 연결: 언택트 시대의 새로운 컨택트
- 세상을 바꾸는 여성 엔지니어 16 다양성과 새로운 기회
- 세상을 바꾸는 여성 엔지니어 17 새로운 도약과 화합

새 정부는 '110대 국정과제' 발표를 통해 모든 데이터가 연결되는 세계 최고의 디지털플랫폼정부 구현의 비전을 밝혔습니다. 아울러 반도체 · AI · 배터리 등 미래전략산업 초격차 확보, 바이오 · 디지털헬스 글로벌 중심국가 도약, 글로벌 미디어 강국 실현, 모빌리티 시대 본격 개막 및 국토교통산업의 미래 전략산업화 등을 경제 재도약을 견인할 핵심 전략 과제로 제시했습니다.

이러한 국가적 성장 엔진의 핵심은 모두 공학기술입니다. 우리나라가 기술 강국이 되려면 무엇보다 여성의 잠재력을 일깨우고 북돋아 여성 엔지니어들을 대대적으로 양성해 곳곳에서 활약하게 해야 합니다. 또한, 전국의 모든 여성 엔지니어들이 힘을 키워 산업 현장을 변화시키며 세상을 바꿔 가야 합니다.

제가 현대건설, 한국전력기술 등의 산업 현장에서 소프트웨어 개발자로 근무하던 시절에는 30일이던 출산휴가 기간이 2001년부터 90일로 늘어났습니다. 그동안 사회적, 문화적, 그리고 기업의 환경이 여성 친화적으로 많이 개선되었습니다만 우리나라에서 여성 엔지니어로 살아가기는 여전히 녹록하지 않습니다. 유리 천장을 뚫고 올라갔더니 유리 절벽이 기다리고 있더라는 소회를 종종 듣습니다.

24인의 꿈을 담아 탄생한 이 책 『세상을 바꾸는 여성 엔지니어』는 산업 현장에서 고군분투하는 여성 엔지니어들에게 같은 고민을 하고 있음에 큰 위로가 되고 든든히 받쳐 주는 버팀목이 될 것입니다. 또한, 이 책은 진로를 고민하는 대한민국의 여학생들에게 더 나은 미래로 이끄는 등불이 되리라 믿습니다.

제가 신임회장 취임식 때 "가치를 증대하자! 희망을 연결하자!"라는 구호를 제안했었습니다. 이 구호는 우리 여성 엔지니어들이 저마다의 가치를 증대하고 '세상을 바꾸는 여성 엔지니어'로 살아가는 아름다운 희망을 우리 협회를 통해 연결하여 모두가 행복해지기를 바라는 마음을 담은 것입니다.

자기 위치에서 분초를 아껴 가며 열심히 살고 있는 우리는 진정 아름다운 여성 엔지니어입니다. 우리 협회에서 '세상을 바꾸는 여성 엔지니어'의 세계적인 롤 모델이 많이 탄생하기를 바라봅니다.

감사합니다.

| 차례 |

격려사 　 *Bridge over the world*　4

서 문 　 우리는 아름다운 여성 엔지니어입니다　6


**Part 1**　**도약:** 새로운 가치를 이끄는 힘

노윤숙 　 나의 행동이 모여 오늘의 나를 만든다　14

박예지 　 좋아하는 것을 찾아가다 보면　24

이민희 　 나와 당신은 여전히 특별한 사람　34

임현의 　 길고 넓게 보는 오지라퍼　42

장혜은 　 가치를 연결하는 리더의 가치　54

황춘홍 　 스무 살 시절의 나에게 보내는 위로　64


**Part 2**　**희망:** 공존하는 미래를 꿈꾸며

곽민정 　 지속 가능한 녹색 세상을 꿈꾸는 산업공학자　74

서지연 　 막연해도 괜찮아, 미래의 너를 꿈꿔 봐　84

손연주 　 그래도 다시 하려느냐? 헬스케어 소나무　90

이지은 　 소통으로 두근거리는 인생 만들기　99

전혜진 　 수많은 Start를 통해 더 큰 꿈을 꾸는 Start-Up이 되기까지　109

차주영 　 어떤 바람에도 흔들리지 않는 뿌리 깊은 나무가 되자　117

Part 3    **경험:** 더 큰 세상을 향한 도전

김남효    도전, 그리고 새로운 시작    **128**

김미점    여성들이여, 내가 원하는 모든 것을 이기적으로 가져라    **135**

이보경    나는 HYBRID 엔지니어다    **145**

이서영    경험은 결코 늦지 않는다    **161**

장은진    기획하는 공대생, 스타트업 창업과 N잡러가 되기까지    **176**

정하영    문과생의 IT 기업 생존기    **191**


Part4    **화합:** 여성 공학인, 우린 함께이기에

김정숙    꿈의 실현, 혼자가 아니었기에 이룰 수 있었다    **200**

박지성    나의 딸에게, 그리고 누군가의 딸에게    **208**

이규진    혼자지만 혼자가 아닙니다    **217**

임미소    공학적 사고와 인문학적 감성을 지닌 여성 엔지니어    **225**

조수정    디지털 세계에서도 따뜻한 나를 꿈꾸며    **235**

최원희    여성 공학인의 새로운 기회를 찾아서    **241**

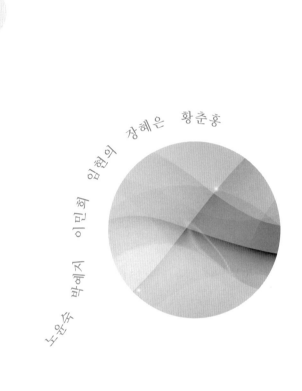

노운숙 박예지 이민희 임현의 장혜은 황춘홍

# Part 1

# 도약‥

새로운 가치를 이끄는 힘

# 나의 행동이 모여
# 오늘의 나를 만든다

노윤숙

연세대학교 K-NIBRT 사업전담교수

인하대학교 화공고분자생물공학부를 졸업하고 동 대학원 생물공학과에서 생물공학 석사 및 바이오의약 박사 학위를 취득하였다. 2004년부터 셀트리온 생산본부 및 품질본부에서 약 18년간 근무하였고, 경인지방식품의약품안전청에서 심사관으로 활동하였다. 현재 연세대학교 K-NIBRT 사업단 바이오공정인력양성센터에서 바이오헬스 산업 핵심 인력 양성을 위하여 사업전담교수로 재직 중이다.

# 연구소가 아닌 생산본부를 지원하다

대학원에서 세포배양공학을 연구하면서 아시아 최대 크기의 바이오리액터가 송도 셀트리온에 설치된다는 소식을 들었을 때, 나는 연구소가 아닌 생산본부를 지원하기로 결심했다. 동물세포는 부착된 상태로 자라는 성질이 있기 때문에 액체 배지에 동물세포를 둥둥 띄워 분산된 상태로 키우는 데는 많은 유체역학적 기술이 필요하고 크기가 커질수록 더 어려워진다.

책과 논문에서만 보았던 크기의 바이오리액터를 직접 운전하고 연구할 수 있다는 사실에 매우 흥분되었다. 하지만 생산본부에 배치되고 나서 내가 맡았던 업무는 세포배양이 아닌 단백질 정제 분야 중 크로마토그래피였다. 왜냐하면 대학원 연구의 8할은 의료용 단백질을 생산하도록 유전적으로 변형된 세포의 고농도 배양이었지만, 2할은 생산된 의료용 단백질의 분리 정제였기 때문이다.

그때 당시 동기로 입사했던 약 40여 명 중에는 단백질 분리 정제를 위해 친화성 크로마토그래피를 사용했던 사람이 거의 없었다. 생각하지 못했던 크로마토그래피를 담당 업무로 맡게 된 후 그 분야의 대한민국 최고가 되겠다는 생각으로 매일 공부를 하였고, 그 결과 관련 공급업체 담당자들보다 더 전문가가 될 수 있었다.

## 내가 이루고 싶은 상황을 시각화하기

크로마토그래피 업무를 담당하게 된 후 첫 번째 해외기술이전 출장을 가기 위한 선발 평가 발표가 있었다. 출장지는 미국 샌프란시스코의 한 바이오의약품 생산기업이었다. 나는 너무나 출장을 가고 싶은 마음에 내 주변의 모든 것을 샌프란시스코로 바꾸었고 마치 내가 샌프란시스코에 있는 것처럼 시각화하였다. 그리고 최선을 다하여 평가발표를 진행하였고, 그 결과 출장담당자로 선발되었다. 이후에도 내가 이루고 싶은 것이 있을 경우 온 마음으로 그 상황을 시각화하였다.

그렇게 잘 알려지지 않은 한국의 작은 제약회사의 크로마토그래피 담당자로서 미국 대기업의 기술이전 담당자들과 미팅을 진행하고 세계 유명 원부자재 공급업체 본사 직원들과 논의를 진행하면서 갖고 싶은 것이 생겼다. 나와 미팅을 진행하는 상대방들은 모두 명함의 이름 뒤에 Ph.D.가 붙어 있었다. 나의 명함 이름 뒤에 Ph.D.가 붙는다면 작은 키에 동양인 여성인 나의 목소리에 왠지 더 힘이 실릴 것 같았다. 이때 마침 회사에서 학위 지원 프로그램이 시작되었고 1기로 박사 학위 지원 혜택을 받을 수 있었다.

그러나 회사 업무를 진행하면서 연구소가 아닌 생산본부에서 박사 학위 논문을 작성하고 SCI급 저널에 논문을 발표하는 것은 쉬운 일이 아니었다. 이러다가 박사 학위를 취득하지 못하고 수료로 끝나는 것은 아닐까 불안했었다. 이제는 정말 박사 학위 취득을 위한 연구를 진행하고 논문을 작성해야겠다는 굳은 결심을 하고 명함을 3장 만들었다.

그때 당시의 회사 명함과 똑같았지만 내 이름 뒤에는 'Ph.D.'가 붙어 있었다. 이렇게 만든 명함 한 장은 매일 가지고 다니는 핸드폰 뒤에, 또 한 장은 매일 시선이 닿는 회사 책상 내 명패 앞에, 마지막 한 장은 나의 꿈을 적은 드림 노트 표지 안쪽에 부착하였다.
이름 뒤에 Ph.D.가 새겨져 있는 명함을 매일 보면서 온 우주의 힘
이 나를 돕고 있다고 생각하고 회사 업무가 끝난 후 별도로 연구를
진행하였다. 마지막 논문 작성 기간에는 마치 수험생처럼 집 근처
도서관을 등록하고 매일 출근 도장을 찍었다.

　박사 학위 논문 디펜스를 성공적으로 마치고 졸업식을 하던 날
나는 6살, 4살 두 아이의 엄마였다. 회사 업무와 육아를 병행하
며 박사 학위 논문을 마무리할 수 있었던 건 지금 생각해도 기적과
같은 일이지만, 내가 이루고 싶은 상황을 명확히 시각화했고 이를
이루기 위한 액션 아이템을 실행했기 때문에 가능했다.


## 하고 싶은 일을 하기

　크로마토그래피 업무는 하면 할수록 재미있었다. 그러나 세계
최초 항체 바이오시밀러 의약품을 승인받은 셀트리온이 하는 모
든 것은 국내에서 처음 시도하는 것이었기 때문에 물어볼 곳이 없
었다. 글로벌 전문가에게 물어 가며 여러 번의 시행착오를 겪으
며 누가 콕 집어 정답을 가르쳐 주지 않더라도 방법을 찾아내야
했다.

　내가 수립한 방법과 절차로 국내에서 제일 큰 스케일의 컬럼과
크로마토그래피 장비가 돌아가고 이를 통하여 단백질 항체 의약
품을 정제하는 일은 너무나 뿌듯했다. 외국 장비 본사 엔지니어가
방문하여 장비 사용 및 유지 보수에 대하여 한번 가르쳐 주면 모든

과정 하나하나를 사진으로 찍어 매뉴얼을 만들었다. 누가 시키지 않아도 이 일 자체가 재미있어 자발적으로 만들었다. 이렇게 만든 매뉴얼은 머지않아 큰 효력을 발휘했다.

컬럼 내부 부품 중 하나인 분배기가 막혀 분배기를 교체해야 하는 일이 발생하였다. 스웨덴에서 엔지니어가 도착하기까지는 3일이 걸리는데, 이 분배기를 24시간 안에 교체하지 못하면 한 달여에 걸쳐 생산한 세포배양액을 버려야 하는 상황이었다. 스테인리스 스틸 재질의 1.4m가 넘는 분배기의 교체는 2톤이 넘는 컬럼 상단 아답터를 크레인을 이용하여 들어내고 수십 개가 넘는 부품을 순서에 맞게 분해해야 가능한 일이었다. 모든 과정을 상세한 사진과 함께 매뉴얼로 만들어 놓았던 나는 이 매뉴얼을 기반으로 동료들과 제한된 시간 안에 분배기를 교체하고 성공적으로 세포배양액을 정제할 수 있었다.

크로마토그래피 레진을 컬럼에 패킹(Packing)한 뒤 패킹된 컬럼의 성능을 확인하기 위해서는 버퍼를 주입하여 시험을 진행해야 하는데, 이 시험을 진행하는 동안에는 단백질 분리 정제 생산을 진행할 수가 없다. 그러므로 실제로 버퍼를 주입하지 않고 패킹된 컬럼의 성능을 파악할 수 있다면 시험 시간을 단축함으로써 연간 배치 생산량을 증대시킬 수 있고 버퍼 제조 비용도 아낄 수 있다. 버퍼를 주입하지 않고 패킹된 컬럼의 성능을 확인하는 방법에 관한 논문을 읽은 후, 이것을 꼭 생산에 적용해 보고 싶었다.

그래서 실험계획법을 이용하여 실험실 스케일에서 여러 차례 반복 실험을 진행한 후 컬럼 성능 예측 공식을 만들었다. 이후 생산 스케일의 데이터를 적용하여 이 예측 공식이 99% 이상 정확하다는 것을 증명하였다. 이 업무 또한 누가 시키지 않았으나 스스로 하고 싶어서 진행한 개선 제안 활동이었고, 이를 발전시켜 박사 논문을 작성할 수 있었다.

## 후배 여직원들의 멘토가 되다

영어를 많이 사용하는 회사의 특성상 영어 능력 향상을 위하여 점심시간에 원어민과 영어 회화 수업을 진행했었다. 이때 사용한 교재인 『린인(Lean In)』이라는 책을 통하여 페이스북 최고운영책임 자인 셰릴 샌드버그를 알게 되었다. 책 내용이 너무 인상적이었기 에 이분의 TED 강연을 찾아보았고 『린인』의 한글 번역본을 사서 읽었다. 이를 통하여 내가 그동안 어떤 실수를 저질렀는지 깨달았 고 끝나지 않는 고민의 질문들이 해결되는 느낌을 받았었다.

'린인'이란 무엇인가. 바로 저자가 책 표지에 취하고 있는 자세

처럼 안쪽으로 기대는 모습이 다. 이런 모습은 언제 나오게 되는가. 상대방 이야기가 재 미있어서 집중할 때 자연스럽 게 나오는 자세이다. 우리는 회사를 다니면서 결혼 혹은 육아를 준비하면서 어떤 자세

나에게 큰 깨달음을 안겨 준 셰릴 샌드버그의 『린인』

를 취하게 되는가. 이제 곧 떠날 거라는 마음에 회의실 구석에 앉게 되는 등 점점 일에서 멀어지는 린인과 반대되는 자세를 취하게 된다.

나도 이런 실수를 했었다. 임신이 어려웠고 어렵사리 가진 아이를 잃기 싫었기에 일에서 멀어지기 시작했던 것이다. 하지만 그 결과로 그것을 따라잡는 데 만 3년의 시간이 걸렸고 다시 린인하여 업무에 매진한 결과 2014년 1월 셀트리온 그룹 대상을 수여받았다. 이런 나의 경험을 후배 여직원들과 나누기 위하여 한국여성공학기술인협회에서 진행하는 멘토링 프로그램에 멘토로서 다년간 참여하였다. 나는 셀트리온 입사 2기였는데, 이런 고민을 나눌만한 선배 여직원이 많지 않아 혼자 끙끙거렸던 것을 생각하여 후배 여직원들에게 도움을 주고 싶었기 때문이다.

멘토링 프로그램을 진행하면서 놀랐던 건 책『린인』에 나오는 사례의 고민을 내 주위 후배들도 하고 있었다는 것이었다. 아직 닥치지 않은 결혼과 육아를 너무 고민한 나머지 지금 일에 린인하지 않고 멀어지는 선택을 하려는 것이었다. 일을 정말 그만두기 전에 미리 그만두지 말라는 책 속의 조언처럼 우리의 작은 시도들이 모이면 우리 다음 세대인 우리의 딸들이 살아가는 사회는 조금 달라지지 않겠냐며 서로에게 힘이 되어 주었다.

## 코칭 자격증을 취득하다

한국여성공학기술인협회 멘토링 프로그램을 진행하며 코칭 스킬을 맛보기로 배울 수 있었다. 이 맛보기를 통하여 코칭의 매력에 빠졌고 아예 코치 자격증을 취득하기 위하여 이화여자대학교 이화코칭리더십 프로그램에 등록하였다. 바쁜 회사 생활을 진행하며 50시간 이상의 코칭 실습을 채우기 위하여 해외 출장을 같이 간 후배 여직원을 대상으로 코칭 실습을 진행하기도 하였다.

코칭 자격증을 취득하고자 했던 이유는 코칭대화법을 이용하여 팀원들이 스스로 목표를 설정하고 효과적으로 목표를 달성하며 성장할 수 있도록 지원하는 데 활용하고 싶어서였다. 물론 코칭자격증을 취득하는 것만으로 보직자로서 완벽하게 팀원들을 이끄는 것은 불가능하다. 하지만 모든 사람에게는 무한한 가능성이 있으며 그 사람에게 필요한 해답은 모두 그 사람 내부에 있다는 코칭의 철학을 기반으로 다가가고자 노력했다. 코칭 자격증을 공부하며 배웠던 인터뷰 스킬은 추후 공급업체 감사 및 제약회사 감사를 진행할 때 빛을 발휘하였다.

## 내가 받은 배움을 돌려주기

박사 학위를 취득한 후 여러 곳에서 특강 요청이 있었다. 나에게 요청 온 특강 대상자는 공대 대학생 혹은 고등학생이었다. 셀트리온 재직 중에 외부 강의를 나가기 위해서는 강의 자료를 전자결제를 통하여 검토받아야 했다. 식약처 재직 중에는 생물공학과 대학원 강의를 진행하기 위해 겸직허가서를 승인받아야 했다.

이런 번거로운 절차를 하면서까지 외부 강의를 진행한 이유는

2022년 7월 23일자 CGTN 글로벌 백신 제조 인력 양성 교육 인터뷰

무엇이었을까. 그것은 위에서 언급했던 '하고 싶은 일을 하기'의 연장이었다. 내가 나눈 지식이 상대방에게 큰 도움이 되는 것을 볼 때 나는 커다란 보람을 느꼈다.

현재는 연세대학교 K-NIBRT 바이오공정인력양성센터에서 바이오헬스 산업 핵심 인력 양성 사업을 진행하고 있다. 셀트리온에서의 바이오의약품 생산 및 품질조사 경험과 경인지방식품의약품안전청에서의 심사관 경험을 나누며 바이오 산업 발전에 기여하는 것이다.

최근에는 아시아개발은행(ADB)의 후원으로 아시아 12개국의 제약회사 및 정부기관 전문가 59명을 초청하여 8주간의 mRNA백신 제조 공정 교육을 성공적으로 마무리했다. 이 교육은 저소득 국가의 백신 불평등을 해결하는 데 도움이 될 것으로 기대하고 있다.

현재의 나의 모습은 처음부터 계획되거나 가르치는 것을 목표로 달려왔던 것은 아니었다. 꼭 거창한 꿈이 있어야 한다거나 명확한 목표가 있어야만 한다는 부담은 벗어 버리자. 하고 싶었던 일들의 연속된 선택과 그것을 끝까지 해내는 나의 실행력이 모여 지금의 나를 만들었다. 나의 행동이 모여 지금의 나를 만들었듯이, 오늘 내가 하고 있는 이 행동이 모여 어떤 내일의 나를 만들지 기대된다.

# 좋아하는 것을
# 찾아가다 보면

박예지

종근당건강 개발1팀 락토핏 브랜드 담당

충북대학교 식품공학과에서 학사와 석사 학위를 취득하였다. 농촌진흥청 국립농업과학원에서 연구원으로 근무하면서 식품 영양성분 분석, 농산물 활용 식품 개발 업무를 수행하였고, 에프앤디넷에 입사하여 개발연구팀에서 5년간 근무하며 다양한 건강기능식품을 개발하고 출시하였으며, 현재는 종근당 건강 개발1팀에서 락토핏 브랜드 담당으로 재직 중이다.

전 직장 이사님을 통해 처음 이 책에 대한 제안을 받았을 때, 다양한 도전을 해 보고 싶은 나에게 좋은 기회라고 생각하여 해 보겠다고 했다. 하지만 막상 도서관에 가서 『세상을 바꾸는 여성 엔지니어』 책을 여러 편 읽어 보면서, 많은 경험과 능력을 가진 분들이 참여한 것을 보고 내가 이 책의 집필진으로 참여할 자격이 되나 싶은 생각이 들었다.

그래서 이 글을 쓰기 시작하기까지 많은 고민을 했고, 사실 지금도 조심스럽다. 내 글을 읽는 사람들이 이 글을 읽고 어떤 영향을 받을지, 나의 작은 이 경험들이 이 일의 전부인 것처럼 느껴지는 것은 아닐지 걱정되기도 한다. 하지만, 용기 내서 글을 써 보려고 한다. 이 글을 통해 나와 비슷한 상황에서 비슷한 고민을 하고 있는 누군가에게 조금이나마 작은 조언과 용기가 될 수 있으면 좋겠다는 생각으로 말이다.

## 화학을 좋아하던 내가 식품공학을 선택한 이유

지금도 그렇지만, 어렸을 때도 나는 좋아하는 것과 싫어하는 것이 명확했다. 고등학교 때도, 좋아하는 과목은 밤을 새우면서도 즐겁게 공부하였고, 싫어하는 과목은 기본만 꾸역꾸역 했던 것 같다. 교과 과목 중 화학을 가장 좋아했었는데, 대학 진학을 위한 전공에 대해서도 막연하게 '화학 공부를 많이 할 수 있는 학과를 가야지.'라고 생각했다.

막상 수능을 보고 원서를 접수할 때에는 담임 선생님의 추천으로 원하는 학과보다는 괜찮은 대학교 위주로 선택하다 보니, 생각지도 않았던 식품공학과에 지원하여 입학하게 되었다. 입학 후 1학년을 보낼 때도, 화학 공부를 더 많이 하고 싶었던 나는 2학년 올라갈 때 전과를 해야겠다고 생각했다.

전과 신청 시기에 전공 중인 식품공학과와 고민했던 화학공학과의 전공과목들을 쭉 비교해 보니, 생각보다 식품공학과에서는 화학을 많이 배우고, 화학공학과는 화학도 많지만 물리 과목의 수업이 많다는 걸 알게 되었다. 그래서 식품공학과에서 공부하는 것이 내가 원하는 화학 관련 과목을 더 많이 공부할 수 있겠다고 생각했고, 단순하지만 이 이유가 내가 식품공학과에 남아 계속 공부하게 된 이유였다.

그렇게 선택한 전공은 다행히 내 적성에 잘 맞았다. 싫은 과목도 있었지만, 대부분의 과목이 재미있었다. 나는 공부를 아주 열심히 하는 학생은 아니었지만, 강의 시간에는 항상 앞줄에 앉아서 수업을 들었다. 내가 효율적으로 공부하는 방식이기도 했고, 무엇보다 전공과목들이 재미있어서 수업도 흥미롭게 들었다.

## 진짜 하고 싶은 일을 찾기까지

대학교 4학년 때, 취업 준비를 시작했다. 흔히 다들 하는 영어 공부, 면접 준비 등 다양한 취업 준비를 하면서 이름만 대면 알 만한 대기업에 이력서를 내고, 인적성, 면접도 많이 봤으나 모두 탈락하였고, 그 시즌 취업에 결국 실패했다. 지금 생각해 보면, 앞으로 나의 진로 방향에 대한 고민보다는 그냥 막연하게 좋은 회사에 얼른 취업하고 싶다는 생각을 하며 회사에 지원서를 냈던 것 같다.

결국 모두 탈락하였지만 기회가 닿아 농촌진흥청 국립농업과학원에서 연구원으로 식품 분석 및 가공식품 이용 연구 관련 업무를 하게 되었다. 이곳에서 업무 경험을 쌓으면서 기업에 취업하고자 하는 계획이었다.

국립농업과학원에 근무하면서 고구마, 감자의 품종별 영양성분을 분석하는 연구와 버려지는 유자 껍질을 이용한 가공식품 개발 연구에 참여하였다. 약 8개월간 이 연구들에 참여하면서, 식품 개발 업무를 하고 싶다는 생각을 하게 되었다. 그래서 석사 과정 진학을 고민하게 되었다. 지금도 그렇지만 그 당시에도, 식품회사에서 연구 개발 업무에 지원하려면 지원 자격에 석사는 필수였기 때문이다. 이곳 기관 특성상 근무하는 분들 대부분이 석사 또는 박사 학위를 취득하셔서 그분들의 조언도 많이 듣고, 내가 원하는 연구실의 교수님을 찾아뵙고 상담도 하며 대학원 진학을 결정하게 되었다.

지금 생각해 보면, 대학원 진학은 '직장인'으로서 내 인생에서 가장 잘한 선택 중 하나라고 생각한다. 석사 생활은 나에게 막연히 '식품' 관련 업무 중에서 더 세부적으로 어떤 분야의 업무를 하고 싶은지, 그 분야의 업무가 나에게 맞을지를 고민하고 결정하게 된 시기였다.

우리 연구실은 '식품신소재화학연구실'로 식품 성분 분석 및 천연물 효능 평가를 연구하는 곳이었다. 식품의 기능성 성분들을 분석하고, 식품으로부터 유래된 생리활성물질 중 만성질환의 발생 및 진행을 억제할 수 있는 물질을 탐색하고 이들의 생리활성 작용 기작을 연구하여, 기능성 식품을 개발할 수 있도록 관련 소재 개발 연구를 수행하는 연구실이었다.

나는 다양한 식품의 영양성분인 비타민 A·D·E·K, 엽산, 콜레스테롤을 분석하는 과제를 수행하였고, 비쑥·레몬 등에 존재하는 생리활성물질인 에스큘레틴(esculetin)이라는 성분이 비알코올성 간질환에 미치는 영향과 작용기작에 대한 주제로 연구를 하고 졸업논문을 작성하였다. 이러한 연구 경험을 통해 건강기능식품에 대해 더욱 관심을 갖게 되면서 이와 관련된 업무를 하고 싶다는 생각을 하게 되었다.

현재 나는 우리 연구실에서 수행했던 연구들과 밀접하게 관련된 건강기능식품 업계에서 근무를 하고 있는데, 석사 과정 때 배웠던 공부와 연구들이 배경지식이 되어 회사에 입사하는 데 발판이 되었고 지금까지도 업무를 하고 시장을 이해하는 데 많은 도움이 되고 있다.

## 쉽지 않은 취업의 길, 그 위기의 순간에서

대학원을 졸업해도 취업은 쉽지 않았다. 여전히 지원하는 대기업은 탈락의 연속이었고, 취업에 대한 초조함을 느끼면서 '나는 어떤 업무를 하고 싶은가?'라는 고민이 가려진 채, 전공과 관련한 식품 회사라면 보이는 대로 이력서를 작성했던 것 같다. 그러다 보니 원하는 곳에서는 연락이 오지 않았고, 서류를 합격하여 면접을 보러 갔던 회사들은 마음에 들지 않아 내가 거절하고 가지 않았다.

매일 가방을 메고 도서관에 가서 이력서를 쓰고 연락을 기다리고의 반복이었다. 대학원을 졸업한 지 4~5개월밖에 지나지 않은 시점이었지만, 회사에 다니는 친구들과 나를 비교하며 자존감은 바닥을 치고 있었고 의지도 점점 사라져 가며 무기력해지고 있었다.

계속 무기력해지는 날 보면서 무슨 일이라도 하면서 취업 준비를 해야겠다 싶었다. 대학교 때, 3년간 고등학교 수학 과외한 경력을 살려 수학학원의 초·중학교 선생님으로 잠깐 일했다. 주 3회, 하루 4시간 정도의 짧은 시간이었지만, 오히려 이렇게 내가 할 수 있는 일을 하면서 조금이나마 활력을 찾았던 것 같다.

그러면서 좀 더 깊게 내가 취업이 안되는 이유가 무엇일까에 대한 고민을 하게 되었다. 나는 고민 끝에 내가 하고 싶은 업무인 건강기능식품 연구/개발 업무 쪽에 집중해서 이력서와 자기소개서를 대폭 수정하여 다시 작성하고 몇 안 되더라도 딱 맞는 회사들에만 이력서를 넣어 보았다. 그렇게 하다 보니 지원한 대부분의 회사에서 연락이 왔다.

취업 등 고민이 많을 시기에는 그 고민 외 다른 무언가를 시도하기가 어렵고, 마음만 조급하고 실행은 잘 안되며, 자존감만 떨어지게 된다. 하지만 이런 상황에서도 쉽지 않겠지만, 너무 그 고민에만 얽매여 있지 말고, 가볍게 좋아하는 일, 할 수 있는 일을 찾아 하면서 활력을 찾고, 나를 돌아보는 시간이 필요하다고 생각한다. 그렇게 나를 다시 돌아봤을 때, 더 건강하고 나은 방법으로 그 고민을 해결하고 앞으로 나아갈 수 있을 것이다.

### 새로운 도전 그리고
### 내가 원하는 방향을 향해 찾아가고 있는 나의 길

첫 직장으로 에프앤디넷에 입사하게 되었다. 에프앤디넷은 병의원 전문 건강기능식품을 판매하는 회사였다. 이 회사의 개발연구팀에서 건강기능식품 제품을 기획/개발하는 업무를 맡게 되었다. 내가 하는 업무는 제품 성분에 대한 지식은 물론이며, 계속 변해 가는 국내외 시장 트렌드도 잘 파악하고 있어야 하고, 제품에 적용되는 다양한 법적 사항들도 정확하게 알고 있어야 했다.

그러나 신입으로 입사하자마자 한 달도 안 되어 사수, 팀장님이 모두 퇴사하는 바람에 이사님 바로 밑에서 업무를 하게 되었다. 신입사원으로서 업무를 파악하고 배울 틈 없이 바로 부딪혀서 실무를 하게 되었고, 그 닥친 상황을 최대한 실수 없이 극복해 내고 싶었다. 이를 위해 건강기능식품 관련 시장 현황, 법령, 세미나 자료 등 관련 자료들을 수없이 읽으며 공부했고, 업무도 한 번으로 끝나는 것이 아니라 두 번, 세 번 계속 확인하며 진행했다. 업무에 어느 정도 익숙해질 때까지 많이 벅차고 힘들었지만, 덕분에 짧은 시간 안에 업무를 더 많이 경험하고 익힐 수 있는 기회가 되었던 것 같다.

무엇보다도, 힘들어도 버틸 수 있었던 가장 큰 이유는 이 업무가 좋았기 때문이다. 기획에서 계획이 틀어져서 엎어지는 경우도 많고, 내가 원하는 대로 제품이 만들어지지 않는 경우도 많았지만, 그래도 제품의 기획부터 출시까지 직접 관여하다 보니 출시된 제품 하나하나가 내 자식처럼 너무 뿌듯했고 큰 성취감을 느꼈다.

또한 근무하는 기간 동안 건강기능식품 시장도, 회사도 매년 계속 성장하는 시기여서 회사에서 신제품을 계속 출시하고 라인업을 확장시켰다. 그 덕분에 나는 원료, 타깃, 유통 채널별 다양한 건강기능식품을 개발하고 출시할 수 있었다. 약 40-50개의 신제품을 개발하면서 짧은 시간 동안 정말 다양한 경험과 지식을 쌓을 수 있었다.

그렇게 첫 회사에서 5년을 보낸 후, 회사에서는 조직개편이 이루어졌다. 내가 속해 있던 팀의 역할이 기존에 하던 것에 비해 많이 줄었고 내가 하고 싶고, 앞으로 원하는 방향의 업무가 아닌 것 같아 고민 끝에 이직을 하게 되었다.

두 번째 직장이자 현재 근무하고 있는 직장은 종근당건강이다. 종근당건강에서는 각 브랜드별로 담당자를 나눠서 운영하고 있고, 나는 락토핏 브랜드를 담당하게 되었다. 큰 브랜드를 맡아 업무를 하게 되니 더 기대도 되고, 담당으로서의 무게도 컸다. 지금도 여전히 락토핏을 담당하고 있고, 락토핏 브랜드 내 신제품을 기획, 개발하고 기존 제품을 어떻게 더 좋게 개선할지 고민하며 업무를 진행하고 있다.

### 매 순간, 좋아하고 하고 싶은 것을 선택하다 보면

내 짧은 인생을 돌아보며 이 글을 쓰면서 한 번 더 느낀 점은 나는 항상 선택의 순간에서 내가 하고 싶은 것을 찾아서 계속 선택했고, 그로 인해 지금도 내가 하는 업무를 좋아할 수 있게 된 것 같다는 점이다.

인생이 좋아하는 것만 하면서 살 순 없지만, 하루의 대부분의 시간을 보내는 업무는 그래도 내가 좋아하는 것을 찾아서 할 수 있다면 좀 더 행복한 인생을 보낼 수 있지 않을까 한다. 그리고 백프로 만족할 순 없겠지만, 내가 선택한 일이고 내 업무가 좋다면, 그것이 다른 어려움을 어느 정도 견딜 수 있는 힘이 되어 주는 것 같다. 그렇기 때문에 당장은 아니더라도 지금 닥친 상황에서 조금이나마 자신이 좋아하는 방향을 고민하고 찾아 선택하며 앞으로 나아가다 보면, 조금씩 내가 더 좋아하는 일, 원하는 일에 가까워질 수 있을 것이라고 생각한다.

현재 나는 임신 중이고, 곧 출산을 앞두고 있다. 일 욕심이 많은 나는, 임신 사실을 알았을 때, 출산이나 육아의 두려움보다는 휴직 후 복귀했을 때 혹시나 업무를 잊어버리거나 못 따라가진 않을까에 대한 걱정이 더 컸다. 하지만 이제 그런 고민은 접어 두기로 했다. 엄마가 되었으니, 휴직 중엔 육아에 전념하며 아기를 잘 돌보고, 복직해서는 다시 열심히 한다면 충분히 다 이겨 낼 수 있을 거라 생각하기 때문이다. 다른 워킹맘들도 다 그렇게 잘 이겨 내고 있고!

나는 직장 다니는 내내 '나는 평생 내 일을 그만두지 않을 거야.'

라는 말을 자주 했었다. 그만큼 가정과 아이도 중요하지만 나에게는 내 일도 중요하다. 앞으로도 육아와 일을 병행하며 흔히 결혼한 여성들이 겪는 많은 위기의 순간들이 나에게도 찾아오겠지만 나는 그 순간순간 선택을 잘해 보려고 한다. 여러 가지 닥친 상황에서 조금이나마 내가 좋아하고 잘할 수 있는 일을 선택하며 계속해서 앞으로 나아갈 것이다. '나'로서도, '엄마'로서도 말이다.

이런 나의 이야기가 비슷한 고민을 하는 누군가에게 조금이나마 도움이 되었으면 한다. 그리고 자신이 원하는 방향으로 행복하게 나아가기를 바란다.

# 나와 당신은
# 여전히 특별한 사람

이민희

국방기술품질원 국방신뢰성연구센터 선임연구원

부산대학교 유기소재시스템공학과에서 학사, 석사를 전공하고 2013년 3월 이후 국방기술품질원에서 현재까지 근무 중이다. 전투물자 분야 품질보증 업무를 수행하다 본부에서 품질기획, 품질운영을 배우고 현재는 국방신뢰성연구센터에서 신뢰성 업무를 맡고 있다. 최근에는 또 다른 새로운 도전을 위해 2021년부터 서울대 의류학과에서 인체의 온열생리 분야 박사 과정 공부를 병행하고 있다.

# 세상은 넓고 다양하다는 그 당연한 말

처음 대학교에 입학했을 때만 해도 나는 여전히 고등학교의 연장선에 서 있는 느낌이었다. 사회 속으로 한 발자국 다가섰다거나 성인이라는 느낌을 전혀 느껴 보지 못하다 보니 스스로 계획을 가지고 수업을 열심히 듣거나, 내 미래를 위해 멋진 계획을 세우기보다는 그저 주변 친구들 틈에서 흘러가는 대로 1년 정도를 허비했다. 그러다 보니 1년이 지나도 대학 공부의 흥미를 느끼지도 못했고, 학과 내의 작은 사회 속에서 주변인으로 자리하고 있었던 것 같다. 2학년 1학기가 여름방학 때 남들 다 하는 유럽 배낭여행을 왠지 해야 할 것 같아서 다녀온 뒤로 내가 느낀 것은 단 하나였다. "유럽의 생초콜릿이라는 것이 참 맛있더라."

학기가 시작되고 나는 여전히 무료했다. 고등학생 때까지 공부도 곧잘 했고, 무의식 저편에 왠지 나는 특별한 사람인 것 같다는 생각으로 20여 년을 살아왔는데, 대학생의 나는 그저 많은 대학생 사람들 중의 하나일 뿐이었다. 인생에서 특별함이 필요한 그때, 친구에게 장사를 한번 해 보자고 이야기를 했다. 그때 언뜻 배낭여행 가서 먹었던 생초콜릿이 떠올랐고, 그것은 우리의 장사 아이템이 되었다. 생전 처음 내가 스스로 기획한 일이 벌어지고 있었다.

친구 자취방에서 생초콜릿을 직접 만들어서, 학교 정문 사거리에 노점을 열어 놓고 장사를 시작했다. 그때만 해도 생소한 음식이라 지나다니는 사람들의 많은 관심을 받았다. 손님을 대하면서 나누는 담소들, 지나가는 사람에게 관심을 끌기 위해 던져야 하는 말들, 바보같이 제과점 바로 앞에서 장사를 해서 제과점 사장님의 노여움을 샀던 일…. 사람들과 사회에서 같이 어울려 살아갈 때 수백 번 발생하는 일들을 그때 길거리에서 처음 배웠다. 나중에는 학교 홈페이지에 홍보를 하고 배달도 다녔는데, 검찰청에서 일하는 졸업생, 바를 차린 졸업생 등을 만나면서 인생에는 다양한 경로가 있다는 걸 체득할 수 있었다.

장사로 모은 돈은 손익분기점을 넘기고 나머지 수익으로 친구와 함께 강릉에서부터 7번 국도를 따라 내려오면서 여행을 하기로 했다. 하루 종일 걷고, 편의점에서 유통기한이 막 넘어간 삼각김밥을 얻어먹고, 수십 번의 자동차 히치하이킹을 하고, 울진1리 경로당에서 잠을 자려다 거부당해서 모르는 할머니 댁에서 자고, 이장님이 시켜 주신 통닭을 먹으면서 나는 생각했다. "나는 세상이 넓고 다양하다는 말을 문자로만 알고 있었구나. 어쩌면 여전히 그 의미를 온전히 다 느끼지 못할 수도 있겠다."

## 배짱이란 무엇인가

장사와 도보여행은 나에게 신선한 경험이 되었고, 신기하게 그 이후부터 공부가 너무 재밌게 느껴졌다. 좋은 기회에 동 학과 대학원의 조현혹 교수님의 마지막 제자가 되었고, 훌륭한 가르침을 받으면서 '신이미이드계 합성섬유' 과제의 총괄기관으로 참여하게 되었다. 친수성이 높은 나일론을 만들어 보자는 취지로 시작된 연구과제는 다양한 기관·업계·학계에 참여하여, 나에게는 또 다른 훌륭한 인생 선배님들을 만날 수 있는 좋은 시간들이었다.

어느덧 나도 석사를 졸업할 시기가 다가왔고, 같이 과제를 진행하던 연구소에서 취업 제의가 들어왔지만 정중히 사양하고 다른 기업에 응시한 뒤 최종면접까지 통과한 상태였다. 그런데 지금 근무하고 있는 국방기술품질원이라는 기관의 존재를 알게 되면서, 합격한 기업을 포기하고 취업 준비를 다시 하기 시작했다.

나중에서야 안 사실이지만, 당시에 교수님께서는 다 붙은 취직자리를 두고, 될지도 모르는 생소한 기관으로 취업을 하겠다고 하니 나의 결정을 두고 밤낮으로 걱정이 많으셨단다. 하지만 한 번도 내색하지 않으시다가, 합격 소식을 들으신 이후에는 어딜 가든 "우리 민희는 정말 배짱이 대단하다."며 자랑을 하고 다니셨다.

나는 내가 소심하면 소심하지, 배짱이 있다고 생각한 적이 인생을 통틀어 한 번도 없었다. 그런데 그날 교수님 한마디에 깨달았다. "나의 불안감을 드러내고 싶은 마음을 인내하고, 내가 한 결정에 책임을 지겠다는 마음이 있으면 나도 배짱 있는 사람이 될 수 있구나."

## 잘하고 싶다는 마음으로

나는 국방기술품질원 서울센터로 입사를 했는데, 당시 50명 남짓이던 센터원 중에서 두 번째 여성 연구원이었다. 우리 기관은 방위사업청 출연기관으로서 전순기의 군수품 품질관리를 담당하는 일을 하는 곳으로, 당시에 서울은 전투물자, 대전은 탄약, 대구는 지휘정찰, 창원은 기동화력, 부산은 함정 분야 등 각 지역별로 다양하게 전문센터가 분포해 있었다.

나의 임무는 전투복에서 천막까지 섬유제품 전투지원물자의 품질보증 업무를 수행하는 것이었는데, 학교에서 고분자 소재만 중심으로 배우다가, 실제 제품을 생산해 내는 공장 현장(솔직히는 생각지 못하게 열악한)과 아버지보다 나이 많은 군수생산업체의 사장님들을 직접 대면하는 일은 상당히 낯설었다.

일을 한다는 것은, 학생일 때처럼 누군가가 나를 A에서 Z까지 케어해 주지 않는다는 것을 입사한 지 일주일 정도 되니 절실히 깨달았다. 내가 질문하지 않고, 파고들어 가지 않으면 그냥 철밥통 월급쟁이로만 남겠구나 싶었다.

그래서 입사 3개월이 지나고, 나는 청량리 시장 문화센터의 야간 봉제수업반을 등록했다. 태어나서 재봉틀을 구경조차 못한 내가 전투복을 만드는 공장에서 그들의 제품을 관리해야 한다는 것이, 너무나 무서웠기 때문이었다.

더불어 아무리 내가 어리더라도, 현장의 업체 사람들에게 어리숙하게 보이고 싶지 않았다. 일부러 계약서의 주요 조항과 규정을 미리 외워 가서 그들 앞에서 보란 듯이 외운 걸 읊어 가며 설명해 주기도 했고, 제품을 사무실로 들고 와서 하나하나 분해해 가며 어떤 특징이 있으며 개선점이 무엇인지 연구를 하는 나날이 1년이 지나니, 더 이상 그 누구도 나를 어린 신입 여성 연구원으로 여기지 않는 것이 느껴졌다.

## 틈을 메우기 위해

　1년 넘게 품질보증 업무를 하다 보니, 일이 너무 쉽게 느껴졌다. 그 당시에 나는 오만한 생각으로, 그것은 내가 밤낮으로 고민하고 노력한 대가라고 생각했다. 그러다 지금의 멘토 격의 옆 팀 선배를 만나, 나의 견문이 아직 좁고 전문성이 얕다는 일침을 받고, 나 자신이 연구원으로서 통찰력을 가지기에는 허술한 틈이 너무나 많다는 것을 깨달았다.

　그 틈을 메우기 위해 처음 내가 한 일은 품질 관련 외부교육을 무수히 수강하는 일이었다. 나에게 쌓여 가는 품질 데이터들을 분석하고 그 값이 의미하는 바를 해석하고, 그것을 다시 현장으로 환류시켜 개선해 나갔다. 나에게 들어오는 데이터는 의미 없이 컴퓨터 속에서 잠드는 게 아니라 의미를 가지게 되는 것이 너무나 뿌듯했다.

　더불어 사각지대에서 아무도 신경 쓰지 않는 업무의 틈도 보였다. 국방규격에서 규제하고 있는 군수품의 품질기준들은 저마다의 수많은 평가를 거쳐야 하는데, 그 평가 방법이 신뢰성이 없거나, 하나 마나 한 시험들로 품질을 담보할 수 없는 것이었다. 그래서 각종 시험 방법을 개선하고, 때로는 신규 방법들도 만들어 나가다가 그것이 사장되지 않고 공신력을 가지도록 '단체표준'으로 등록하였다. 이후에 우리 기관이 이 단체표준을 정식으로 활용하도록 규정까지 제정하도록 제도화하는 데도 참여하였다.

## 다시 특별해지는 기분

현재 국방에서는 군수품에 있어서 우수한 품질뿐만 아니라 신뢰성 확보를 위해 많은 노력을 하고 있다. 우리 기관도 이에 발맞추어 2020년 국방신뢰성연구센터를 신설 개편하였고, 현재 나는 이곳에서 근무를 하고 있다. 신뢰성은 '아이템이 정해진 조건(사용, 환경)에서 지정된 기간 동안 의도한 기능을 수행할 확률'을 의미하는데, 실제 전쟁이 일어나지 않는 상황에서 납품된 군수품이 필요할 때 완벽한 성능을 발휘하기 위해서는 필수적인 요소이다.

나는 그중에서도 실제 군수품 수명을 예측하고, 어떠한 조건에서 고장이 나는지 원인 분석을 위한 가속 노화 시험 등에 관심이 있는데, 해당 업무가 아직 시작하는 단계이다 보니 수립해 나가야 할 것들이 많은 상태이다. 다행인 것은 해당 분야의 빠른 전문성 확보를 위해 전사적 차원의 지원이 적극적이라는 것이다. 올해 초 회사의 지원에 힘입어 국제신뢰성기사(CRE) 자격을 획득하였고, 해당 지식을 활용하여 조직과 업무에 기여하기 위해 노력 중이다.

또한 나는 군수품을 사용하는 사람, 즉 전투원에게도 많은 관심이 있는데, 군수품을 개발할 때 인체가 처해진 다양한 더운/추운 환경에서 나타내는 생리학적 반응을 고려한 과학적인 군수품을 만들어 내고 싶다. 아직은 도전적인 해당 분야를 공부하고 연구하고자, 2021년부터 박사 과정에 진학하였다. 이 또한 근무일을 주 2일까지 유급으로 할애해 주는 회사의 근무위딕 제도를 통해 감사하게도 새로운 도전을 할 수 있게 되었다.

올해로 근무한 지 10년차가 되었는데, 일을 하면서 때로는 내가 이 조직을 돌아가게 하는 쳇바퀴의 톱니밖에 되지 않는다는 감정을 느낄 때도 있었다. 그러나 작지만 성취감을 느낄 수 있는 도전들이 계속되면서, 다시 내가 특별해지는 것 같은 기분이 든다. 그 특별해진 것 같은 느낌은 내가 어떤 분야에, 어떤 능력을 발휘해서 업무와 조직을 발전시킬 수 있을까 하는 동기 부여가 되고, 더불어 내가 바라보고 있는 대상 또한 특별하게 느껴지도록 하는 것 같다.

하지만 도전하지 않고, 성취하려고 하는 의지가 없으면 그것은 느낄 수가 없다. 앞으로 나보다 더 발전 가능성 있고 많은 기회가 있는 후배 여성 공학인들은 내가 느낀 바를 좀 더 빨리 깨닫고 쉬운 방법으로 많은 것을 성취하여, 훌륭한 역량 발휘를 통해 우리 사회를 더 풍요롭게 해 주기를 바란다.

# 길고 넓게 보는
# 오지라퍼

임현의
한국기계연구원 나노융합장비연구부장

한국기계연구원 최초의 여성과학기술인이자 우리나라 1세대 나노자연모사 연구자이다. 어릴적 대덕연구단지를 지나다니며 불이 꺼지지 않는 연구소의 밤들을 가슴에 품었던 꿈이 스스로의 삶을 개척하게 만든 원동력이었다. 텀블러와 종이컵의 사용 중 진정 무엇이 지속 가능한 세상을 만들어 가는 것인지, 새로운 방법은 없을지, 커피를 마실 때마다 고민하는 현대인이기도 하다. 한국기계연구원 첫 여성 보직자, 대한기계학회 첫 여성위원장, 바이오부문 회장, 한국공학한림원 일반회원(기계분과), ISBE(International society of Bionic Engineering) 한국대표, 前 국가과학기술자문회의 자문위원, 前 한국연구재단 비상임이사, 前 한국과학창의재단 비상임이사 등을 역임하는 등 열심히 사는 아줌마이다.

# 지천명의 생각 주머니를 열다

어느새 지천명의 나이를 지났다. 나름 앞만 보고 열심히 달려왔다. 물론 나만 그런 건 아닐 것이다. 주위를 돌아보면 다들 참 열심히 하루하루를 사는 것 같다. 책에서 읽고, 선생님에서 듣고, 부모님과 살면서 배웠던 수많은 가르침들이 나의 52년을 이끌었고 소신(所信)이라는 것도 생겼다.

그런데 천명을 아는 나이, 지천명(知天命)이 지나고 요즘 더 어렵다. 계속 나의 소신에 대해 반문을 하며 석학이라는 분들의 책을 다시 찾게 된다. 하지만 그곳의 이정표와 가르침도 역시 나의 갈구함을 풀어 주지는 못한다.

환경마다 달라지는 정의와 요즘 가장 화두인 공정이라는 가치는 정답을 찾는 것이 아니라 설득과 소통의 과정이다 보니, 이 시대를 함께 살아가는 우리가 동일하게 추구해야 하는 가치관과 도덕 등은 색이 희미해졌다고 해야 하나?

불확실성이 너무도 크고 다양성이 넘치는 이 시간을 어떤 생각을 가지고 내 인생으로 그리고 우리들의 인생으로 만들어 가야 하는지, 바쁜 일상에 다시 곧 묻혀 버리곤 하지만 머릿속에 생각의 주머니가 가득 차 있다.

누구든 지천명의 나이가 되면 가지게 될 생각 주머니일지도 모르지만, 적어도 내 아들들에게 그리고 미래의 내 후배들에게 나의 생각 주머니를 보여 주고 같이 이야기하고 싶다. 삶은 나 혼자가 아니라 우리가 함께 만들어 가는 것이기 때문에….

## 공학자가 되다

나는 여대를 나온 그리고 화학과를 졸업한 찐 이과생이었다. 물론 대학원은 남녀공학으로 갔기에 석사를 하고 박사를 하면서 점점 주위의 여성 수가 줄기는 했지만, 그다지 남성과 여성의 차별에 대해 인식을 하지는 못했다. 어쩌면 주변에 잘 적응하는 나의 성격 탓에 크게 불편함을 느끼지 못했기 때문인 것 같다.

집에서도 장손인 남동생에 대해 할머니부터 가족들 모두 남다른 내리사랑을 표현하시긴 했지만, 그렇다고 장녀인 나나 막내인 여동생에게 여성이라는 이유로 무언가 제약을 걸어 주신 적은 없었으며, 결혼을 하고 시댁 분위기도 마찬가지였다. 박사를 하게 되면서 가장 큰 어려움이 있었다면, 결혼을 앞두고 진로 결정을 하면서 박사 진학을 하겠다는 나의 이야기를 듣고 너무 놀라 반대 의사를 밝힌 남편과의 반나절 시간이다.

남편은 내가 선생님이라는 안정적인 직업을 가지길 원했다. 하지만 난 학부를 졸업하면서부터 하얀 가운의 연구실 박사님이 내 맘속의 롤 모델이었고 나를 쏟아부을 수 있는 일과 역할이 있다는 그 자체가 너무나 즐거운 미래였기에 박사 학위를 받는다는 것을 한 번도 의심해 본 적이 없었다. 단지 어느 분야의 연구가 나에게 맞는지, 나의 기여가 가능한지가 고민이었는데, 박사 진학을 위해 원서 접수를 하겠다는 이야기를 듣고 미래의 남편인 남자 친구가 반대 의사를 내비쳤을 때 정말 하늘이 무너질 것만 같았다. 결혼도 박사 진학도 다 포기할 수 없는데…. 하지만 나의 고민은 반나절 남편 고민의 결론으로 마무리되었고, 그 이후 남편은 나를 응원해 주는 가장 큰 버팀목이자 반려자가 되었다.

엄마, 아내보다 더 집중해야 했던 박사과정생의 삶은 치열했지만 재미있었다. 물론 우리나라 엄마라면 겪게 되는 육아에 대한 아픈 경험이 한가득이지만, 지금 그 시절로 돌아간다고 해도 육아 때문에 학위를 포기한다는 생각은 전혀 하지 않을 것이다. 표면개질을 위한 플라즈마를 만들기 위해 밤새 진공장비의 나사를 풀고 조이고, 납땜을 하면서 여성이라는 특성, 임신이라는 변화가 실험실 사람들에게 느껴지지 않게 하기 위해 나에게 주어진 실험들을 밤을 지새우며 해냈고, 실험 중에 생기는 X-ray로부터 배 속의 아이를 보호하기 위해 납 앞치마를 두르면서 실험을 했던 열정의 시간이 지금의 나를 만든 기본 토양이 되었고 힘들었지만 뿌듯한 시간이기도 하다.

물론 갓 태어난 아들을 대전 친정에 맡기고 월요일 아침마다 새벽 기차를 타고 올라올 때의 찢어지는 마음은 지금 생각해도 가슴 아프지만 그 당시엔 최선의 선택이었다. 그래서 연구실에 돌아오면 모든 슬픈 감정은 기차와 함께 날려 보내고, 다시 열정적인 박사과정생으로의 변신을 되풀이하곤 했다.

그렇게 나는 학위를 마치고 나의 경쟁력을 키우기 위해 1년 6개월 된 아들, 휴직한 남편과 함께 UC Berkeley로 박사 후 연구원으로 연수를 가게 되었으며, 그곳에서 기계공학을 만나게 되고 한국기계연구원에 여성 연구원 1호라는 타이틀을 가지고 입사를 하게 되었다. 그리고 19년이 지났고 이력서에 '이학박사'라고 적지만 나는 한국공학한림원 기계분과의 회원이고 대한기계학회 바이오부문 회장이며, 지금은 기계연 나노융합장비연구부 박사 연구원 80

명과 함께하는 연구부장이 되었다. 공학자가 된 것이다.

소위 순수과학을 전공한 과학자가 응용기술을 다루는 공학자가 될 수 있을까, 과연 내가 기계연에서 나의 역할을 만들어 내고 잘 해낼 수 있을까 갈등과 고민이 없었던 것은 아니다. 하지만 그건 기계공학을 전공했다는 명목이 필요했던 것이지, 지금까지 기계연 구성원으로 나를 부정해 본 적은 없다. 오히려 내가 할 수 있는 일, 해야 할 일이 너무도 많다.

그리고 가장 크게 깨달은 것은 진정한 과학기술의 정수는 기초과학부터 공학까지 함께 이루어질 때라는 것이며, 그것이야말로 요즘 이야기하는 진정한 융합연구가 필요한 이유이고 내가 기계연에 자리를 잡게 된 연유이기도 하다.

2010년 기계연과 브라운대 상호 연구 협력을 위한 방문 시 홍일점인 나

## 여성 과학기술인이다 vs. 과학기술인인데 여성이다

기계공학을 전공하지 않았지만 우리나라 기계 분야 여성 연구원의 가장 연장자가 된 나는 부채의식과 의무감이 있다. 여성과 남성의 생물학적인 차이를 떠나 사회 속에서 존재하는 차별을 실감하지 못하다 제일 처음 실감한 것은 기계연 면접 때였다. 기계연에서는 여성 연구원을 뽑고 싶었지만 쉽지 않았던 것 같다. 기계연의 노력 탓에 나는 박사 후 연구원 연수 과정 중에 인재 채용을 위해 학교를 방문하신 박사님을 만날 기회가 생겼고, 기계연의 존재를 알게 되었다.

박사 후 연구원은 인생에서 가장 열정적이며 새로운 아이디어와 접목하여 본인의 연구 역량을 가장 잘 성장하며 펼칠 수 있는 시간이기는 하지만, 어쩌면 직업을 구해야 하는 가장 절실한 상태이기도 하다.

그래서 직장이 있으면서 연구연가를 온 박사 후 연구원과 박사를 받고 직업을 헌팅하고 있는 박사 후 연구원의 처지는 천당과 지옥에 비교되기도 한다. 물론 그래서 대부분 연구 결과는 지옥에 비교되는 사람들에게 갈급함의 결과가 화답을 한다.

정부출연연에 취업하고 싶었던 나는 주저 없이 기계연의 원서를 썼다. 박사 후 연구원 지도교수님은 물리학박사이면서 화학공학과 교수로 표면 연구를 하고 계셨고 기계공학과와 매우 긴밀하게 연구를 진행하고 계셨기에 나와는 전혀 접점이 없어 보이던 기계공학이 그다지 부담스럽지 않았으며 특히 나노, MEMS 연구가 새로운 연구 분야로 각광받고 있어서 기대가 컸다.

그렇게 두드리게 된 기계연의 서류 전형 문턱을 통과하여 면접을 보는 날 굉장히 어색 또는 부담스러워하시는 면접관님들의 분위기가 느껴졌고, '실에 배정되어 혼자 살아남을 수 있을지, 여성 연구원들은 같은 곳에 배정해야 하는 건 아닌지' 도저히 이해가 되지 않는 질문으로 의견을 물어보셔서 황당함을 느끼기도 했다. 도대체 저런 질문을 왜 하시는 건지?

나는 전문가로 이곳 구성원이 되는 것인데 전공이 아닌 여성이라는 이유로 실 배정을 걱정하시는 면접관님들의 마음을 입사 후에야 비로소 이해할 수 있었다. 3층 건물에 여성 화장실은 1곳밖에 없었고 식당에서 여성은 눈에 띌 수밖에 없었던 환경이었던 것이다.

기계연에 입사하여 가장 힘들었던 건 식사 시간이었다. 같은 연구실의 동료들은 식사 시간에 나와 같이 식당에 가는 것을 매우 부담스러워했다. 이유는 사람들의 눈에 띄기 싫다는 것이었다.

지금은 기계연의 정규직 여성 연구원이 31명이고 많은 수의 여성 학생연구원들이 있어 식당에서 남녀가 구분되는 것이 웃기지만 19년 전 기계연 식당에는 여성이 드물었고, 더불어 박사라는 명함을 가진 여자 사람의 등장이 매우 낯설었던 것 같다.

동료들 없이 혼자 식사를 하러 가야 하는 일이 빈번했지만, 반대로 그런 나를 위해 일부러 와서 아는 척을 해 주시는 연구원분들도 있어 쉽게 기계연의 많은 분들과 익숙해지는 기회가 되기도 하였다.

그 후 원하든 원하지 않든 처음이라는 단어는 나의 운명이 되었다. 여성 연구원의 임신도 처음, 따라서 출산 휴가도 처음. 기계연 연발협 첫 여성총무, 기계연 각종 위원회의 첫 여성위원, 더불어 기계연 첫 여성 보직자, 대한기계학회 첫 여성이사 및 여성위원장, 기계연 첫 여성모임 회장 등 그 무게가 가볍지는 않았지만 그러한 상황을 운명이라 생각하고 뭐든 감사한 마음으로 행복하게 맡아 했고, 지금도 그 무게에 걸맞은 사람이 되려고 나름 최선을 다하고 있다. 항상 모범이 되는 선배가 되어야 하기에 어깨가 무겁긴 하지만, 같은 고민을 안고 살아가는 후배들이 많다는 건 든든한 버팀목이 되어 주고 있으며, 균형을 맞추어 가는 식당의 남녀 비율이 효율적인 조직의 원동력이라고 생각하며 보람을 느끼고 있다.

또한 그 옛날 남성들만이 점령하였던 대덕연구단지의 출연연에서 엄청난 고생과 역경을 겪으셨던 선배님들의 이유 있는 움직임에서 시작된 이러한 변화에 너무나도 감사함을 느낀다. 나도 그 의무에서 자유로울 수 없음을 알고 이제는 '여성 과학기술인'이 아닌 '과학기술인인데 여성이야'라는 시대를 만들어 가고, 더불어 좀 더 나은 세상을 위하여 함께할 수 있는 정책과 시스템 구축에 목소리를 보태려 하고 있다.

하지만 많은 변화와 발전이 있었음에도 불구하고, 여전히 유리천장은 존재하고 단지 여성·남성의 문제가 아니라 기성세대와 신진세대와의 갈등, 그리고 사람이 조직 내에서 살아 나가는 데 겪게 되는 갈등이 존재함은 어쩔 수 없다고 생각한다. 그래서 나도 요즘 멘토의 중요성에 대해 다시 생각하고 있고, 멘토와 멘티로서의 나를 만들어 가고 있다.

## 자연모사기술을 만나다

기계연에서 처음 부여받은 역할은 인쇄전자공정 중 계면의 제어와 잉크 개발이었다. 세계적으로 시작되는 연구 분야에 기계연에서도 진입하려고 열심히 인프라 구축을 하던 중, 기계연의 미래 먹거리를 찾는 신진연구자로 발탁되어 미래기술연구부라는 조직으로 이동하여 자연모사공학을 접하게 되었다.

생체모방공학이라고 알려져 있는 자연모사공학은 자연에서 아이디어를 얻어 공학에 응용하는 학문으로서 친환경·고효율이라는 과학기술이 추구해야할 키워드를 기본으로 가진 연구 분야이기에 지속 가능한 미래를 위해 꼭 진행되어야 한다는 확신을 갖게 되었다.

지금 하고 있는 연구 분야는 다양하다. 초발수 기능을 가진 연

2012년 지혜의 기부강연회에서 나눔을 배우며

잎 구조를 응용해 비가 오면 저절로 청소되는 유리창, 나방 눈을 응용해 빛 반사가 거의 없는 렌즈, 대기 중의 수분을 응축시켜 물을 만드는 사막 딱정벌레를 응용한 물 수확기, 사람의 피부를 모사한 촉각센서 집합체 등을 자기조립기술과 3D 프린팅 기술을 이용하여 만드는 중이다.

여기에는 에너지와 자원을 덜 소비함으로써 친환경적이라는 공통점을 가지고 있다. 지금의 나노공정은 비싸고 유해물질을 많이 사용할 수 밖에 없지만, 자연의 방식을 따르는 나노기술은 에너지와 자원을 덜 쓸 수 있다. 우리가 만들어 가는 과학기술은 발전을 위한 발전만이 아닌 지속 가능한 삶을 위한 발전을 추구해야 한다. 쉽지 않지만 이러한 가치관으로 새로운 공정의 나노기술을 개발 중이며, 아직은 그 중요성을 많은 사람들이 인식하지 못하기 때문에 자연모사 연구 분야의 필요성을 이야기하면서 분야를 활성화시키기 위하여 노력 하고 있다.

또한 자연과 공존하는 과학기술인 자연모사기술에 관한 강연과 원고 작성, 다양한 정부 R&D 기획인 글로벌 프론티어사업, 과기부 나노종합발전계획 수립, 산업부의 통합기술청사진 작업 등에 참여하여 자연모사기술과 나노기술의 미래 비전과 계획 수립에 일조하고, 여러 과학기술정책 수립과 대형 과제 기획의 참여를 마다않고 수행 중이다.

국제적으로도 국제심포지엄인 ISNIT(International Symposium of Nature-Inspired Technology)의 창설멤버로서 제1회 사회를 시작으로 프로그램위원장, 운영위원장의 역할을 담당하고, 국제단체인 ISBE(International Society of Bionic Engineering)의 한국 대표로 국내의

자연모사기술을 국외에 알리고, 다수의 초청 강연을 진행하면서 세계적인 자연모사표면 연구자로 성장하고자 여전히 힘쓰고 있다.

## '기회'라는 터닝 포인트, 그 선택이 나를 만든다

20대는 학위로 바빴고, 30대는 직장 잡기와 가정 꾸리기에 정신이 없었으며, 40대는 육아와 직장에서의 자리 잡기로 어느새 시간이 흘렀다.

아마 연구를 하는 분들은 대부분 비슷한 인생 시계를 가지고 있을 것이다. 하지만 자세히 들여다보면 그 안에서 각자의 선택에 따라 우리는 조금씩 다른 색을 가지고 살고 있다. 누군가는 일에 더 집중했고, 누군가는 가정에 더 집중했을 테고, 누군가는 다른 일에 본인의 시간을 더 할애했기에 같은 선상에서 출발해도 우리는 비슷하지만 다른 선에 놓여 있다. 무엇이 더 좋았고 무엇이 더 맞다고 이야기할 수 있는 건 하나도 없다. 사람마다 각자에게 최선인 선택을 했을 것이고 그러한 선택이 지금의 나를 만들었을 테니….

나의 선택을 뒤돌아보면 문학소녀였지만 헤르만헤세의 『지와 사랑』을 읽고 감성(골드문트)과 이성(나르치스)적인 삶에 대한 고민 끝에 이성적인 삶인 이과를 선택했다. 주기율표가 좋아서 화학과를 선택했고, 드러나지 않지만 강력한 표면의 힘에 매력을 느껴 표면화학으로 학위를 받았다. 박사 후 연수 기간 동안 기계공학과 화학공학을 접하면서 표면이 중요한 나노기술 연구를 알게 되어 기계연에 자리를 잡았고, 미래 연구를 위해 나노자연모사라는 생소한 분야를 선택하여 지금까지 연구를 진행 중이다.

지금 나는 또 다른 선택과 기회에 앞에 놓여 있다. 남은 10여 년을 어떻게 잘 보내고 나의 일을 마무리할 수 있을까 번뇌가 가득하다. 지금까지 사회로부터 받은 많은 혜택에 대한 감사함과 소위 리더라는 이름으로 내가 해야 할 일에 대한 책임감을 엄청 느낀다. 선택의 순간마다 내가 가졌던 마음가짐은 더 넓게, 더 길게 생각해 보아야 한다는 것과 대의를 먼저 생각해야 된다는 거였다. 그러한 마음가짐이 어쩌면 나를 여기까지 오게 만들었는지도 모른다.

하지만 지금처럼 다양성이 증대되고, 고려할 게 더 많아진 세상에서 과연 올바른 선택을 할 수 있을까? 나의 소신(所信)에 대한 우려가 크다. 그래서 한편으로 생각하기도 한다. 본질을 생각하자. 기본에 충실하자. 그래서 다짐한다. 비난받더라도 시대에 다소 맞지 않더라도 오지라퍼를 계속하기로. 우리는 함께 살아가야 하고, 함께 잘 살아가야 하니까….

# 가치를 연결하는
# 리더의 가치

### 장혜은
#### ㈜이롬 상품화총괄본부장

어려서부터 식품 영양에 대한 관심을 토대로 한양대학교 식품영양학과와 동
대학원에서 영양학을 전공했다. 2000년부터 ㈜사랑의 건강마을(현 ㈜이롬의
전신)에 입사하여, 현재 ㈜이롬 상품화총괄본부의 본부장으로 일하고 있다.
23년째 식품 산업에 몸담고 있으며, 주요 업무 분야는 생식, 건강기능식품,
과일 및 두유류, 차류 등의 일반식품 개발과 기획, 마케팅이다.

나는 지금 미국 콜로라도 스프링스에서의 9일간 출장을 마무리하고, 한국으로 돌아가는 비행기 안에 있다. 원고 청탁은 꽤 전에 받았으나, 지난 몇 달간 격무에 시달리며 마음의 여유를 갖기 힘들었다. 결국 귀국 비행기 안에서야 비로소 혼자만의 뭉치 시간이 생겼다. 빠듯한 일정에 누적된 피로, 비행기 엔진 소리와 비좁은 좌석이 조금은 방해꾼이긴 하지만, 역시 지금이 베스트 타이밍이란 믿음으로 몇 자 적어 본다.

콜로라도

미국 중서부에 위치한 콜로라도. 필자가 머물렀던 콜로라도 스프링스는 해발 1,823m의 고원 지대에 위치한 조용한 도시로, 사철 다양하게 즐길 수 있는 스포츠 천국으로도 유명하다. 매일 아침 눈부신 햇살과 파란 하늘, 쾌적한 공기가 인상 깊었다.

## 운명적인 전공 선택

나는 초등학교 6학년, 그 더운 여름 토요일, 늦은 오후를 잊을 수 없다. 교회 어린이 성가대 연습을 마치고 - 나는 꽤나 열심히 소리를 지르고 온 터였다 - 허기지고 더위까지 먹어서 맨바닥에 늘어져 누워 있는데, 엄마와 외할머니의 나직한 대화 소리가 들렸다. 뭔가 비밀스러운 느낌에 귀를 쫑긋 세웠다. 엄마가 현재 유방암이고, 이미 몇 년 되었다고 했다. 그제야 나는, 엄마가 왜 그리 먹는 것을 주의하는지 이해가 됐다.

모든 인스턴트를 배제하는 까다로운 식단 운영, 기름진 음식이나 육류를 배제한 채식 위주의 식사, 최대한 가공을 줄이는 조리법, 매일 밤낮으로 수지침을 맞으시고 쑥뜸을 하시는 이유를, 그때 깨달았다. 몰래 듣게 된 이야기를 나는 차마 입 밖에 내지 못했다. 대신, 해 질 녘이면 기도하러 가시던 엄마 손을 잡고 같이 걸어가 주었고, 기도하는 엄마 옆에 모른 척, 그냥 옆자리를 지킬 뿐이었다. 나는 그때 젊은 우리 엄마의 모습과 삼키던 눈물을 아직도 기억하고 있다.

엄마는 수년간 매일같이 자연식을 하셨고, 식사 요법에 정말 올인하셨다. 그러면서 많이 회복되어 가셨는데, 아픈 사람이란 걸 잊을 만큼 꽤 시간이 지난 어느 날, 세브란스 병원에 다시 가서 재검을 받는데 암세포가 사라졌다는 기적 같은 소식을 들었다. 병원에서는 이해할 수 없다고 했지만, 우리는 엄마가 그동안 어떻게 하셨는지 알았기에, 그 이유를 확신했다.

이런 이유로 나는 식사 습관이 얼마나 중요한지 알았고, 이를 통해 자연스럽게 식품영양학과를 지원하게 되었다. 학부 때에는 대학원 선배들의 논문 준비를 도왔고, 조금씩 폭이 넓어져서 의대와 함께 여름방학 기간 동안 지역사회의 건강과 영양 상태에 대한 조사에 참여하면서 영양학, 생리학, 통계학 등으로 관심이 확장되었다.

그런 학창 생활도 잠시, 나에겐 또 시련이 닥쳤다. 대학교 4학년을 휴학하고 미국 어학연수 출발 며칠 전, 아빠가 갑작스레 과로로 쓰러지셨다. 곧 일어나시리라 믿고 유학길에 올랐지만, 아빠는 급격히 안 좋아지셨고, 난 몇 개월 되지 않아 급히 돌아와야 했다. 아빠에게는 심각한 질병 여러 개가 한꺼번에 찾아왔다. 엄마의 헌신, 온 가족의 지극한 기도와 바람에도 불구하고 아빠에겐 기적이 허락되지 않았고, 만 4년 만에 아빠는 우리 곁을 아프게 떠나셨다.

식단 조절과 대체의학으로 의료 기술을 다 뛰어넘은 것 같았던 엄마, 그러나 이 모든 것을 다 해도 우리가 바라는 대로 되지 않았던 아빠…. 그 시절 나는 막막했고, 다소 방황했다. 4년간 배운 것들이 부족하단 생각이 들었다. 더 깊이 영양학에 대해 알고 싶어졌다.

대학원 진학을 결정하고 입학허가서를 받은 후, 아직 집에서 빈둥거리고 있던 어느 날, 대학원 선배님의 전화가 걸려왔다. 암 환자 관련 논문을 써야 하니, 자료를 위해 논현동에 있는 한 회사에 가 보라는 것이었다. 2000년 1월이었다. 무척이나 추운 겨울날, 강남역에 내려 한참을 걸어갔다. 아직 입학식도 안 했는데 왜 가야 하느냐고 속으로 투덜대면서 주소지를 찾아갔다.

그리고 그곳은, 지금 내가 몸담고 있는 회사가 되었다. 암 환자들을 위한 면역치료를 중심으로 하는 병원을 운영하면서, 식사요법을 편리하게 하기 위해 식품을 연구하는 회사, 그리고, 영적 ·

정신적 건강까지 생각하고, 수익의 일부를 꾸준히 기부하여 사회에 환원하는 곳. ㈜이롬(당시 ㈜사랑의 건강마을)이 그곳이다.

물론 처음에는 암 환자 관련 식습관 조사를 위해 파견된 대학원생이었다. 그러나 나는, 계속 울려 대는 회사 전화를 받지 않을 수 없었다. 전화 너머에는 애타게 기다리는 암 환자들이 있었기 때문이다. 보통 전화 10건 중 9건은 암 환자의 식사 요법 문의였는데, 한번 전화가 연결되면 20~30분은 기본인 그 환자들의 전화에, 나는 최대한 성의껏 답해 드렸다. 아빠를 간호하기 위해 온갖 정보를 찾고 애쓰시던 엄마, 그리고 조용히 자신의 병을 관리하기 위해 고군분투했던, 또 다른 우리 엄마였기 때문이다.

그런 모습이 좋아 보였던 걸까? 1개월 남짓 되었을 때, 회사에서 입사 제안이 왔다. 대학원 수업을 위해 학교 시간도 빼 주고, 나중에 논문도 원한다면 회사와 같이할 수 있다는 조건이었다. 그렇게 내 인생의 2막이 시작됐다.

## 학술팀에서 개발팀으로, 나의 가치를 '발견'받다

처음엔 학술팀에서 일하기 시작했다. 당시 대학원 수업을 병행하면서도 업무량은 남들과 다르지 않았으므로, 난 늘 분주하고 깡마른 막내였다.

그러던 어느 날, 입사 후 8개월쯤 지나서 당시 개발 이사님께서 나를 개발팀으로 끌어 주셨다. 학술팀 일이 적성에도 맞았고, 대학원 생활하면서 하기에는 편했지만, 내게 개발 업무를 잘할 것

**생식을 이용한 메뉴 활용**
현 회사의 가장 주요 상품을 이용한 메뉴 활용
예시. 최근 업그레이드 론칭한 '뉴밀+'는 홈쇼핑
에서 12회차 매진 행진을 기록하고 있다.

같다는 당시 이사님(추후 대표이사가 되셨다)의 격려와 선배의 조언에
따라, 개발팀으로 직무를 변경했다. 그리고 22년이 지난 지금, 나
는 이 회사의 상품화총괄본부의 본부장이며, 상품개발과 마케팅
을 맡고 있다. 당시 초라했던 나의 가치를 알아봐 주신 당시 이사
님 덕분에, 나의 지식과 상상력을 담은 수많은 제품을 만들어 낼
수 있었다.

가치는 찾아내야 한다. 감사하게도, 나는 아주 중요한 시점에
누군가에게 발견되고 찾아졌다. 그리고 지금은, 수많은 정보와 소
재들, 사람들을 만나면서 찾아내고 있다.

## 나와 일에 가치를 불어넣는 법

첫째, Input의 양과 질을 생각하자.

사회 초년생 시절, 개발 이사님께서는 나에게 '내 시간의 30%
정도는 항상 소재를 보라'고 하셨다. 아! 급하게 할 일이 얼마나

많은데, 30%씩이나 투자를 하라고 하시나 싶어서, 그 의미를 깊이 생각하지 않고 하루하루의 일에 파묻혀 살았다. 그러나 업무 특성상 내가 싫어도 찾아오는 수많은 사람들 덕에 나는 많은 정보를 강제적으로 습득할 수밖에 없었는데, 특유의 호기심과 아이디어, 연결 능력 덕분에 많은 성과를 낼 수 있었다.

지금 나는 디테일한 실무보다는 전체적인 것을 보려 노력하고 있지만, 여전히 일주일에 평균 5명 이상의 외부인들을 만나면서, 최소 10~15개 이상의 소재나 상품에 대한 정보를 접한다. 매일 아침이면 메일함을 채우는 여러 정보 메일도 챙겨 본다. 그리고 일단 시간을 할애하면 최대한 그 시간, 그 사람, 그 내용에 집중하고자 노력한다.

인풋(Input) 없는 아웃풋(Output)은 없다. 많이 보고, 듣고, 배워야만 가능하다. 또한 지금 같은 정보 홍수 시대에는 정확한 정보를 습득하는 루트를 잘 파악하고, 검증, 보완하는 시스템을 갖춰야 한다. 그러려면 내가 지금 균형 있게 보고 있는지를 스스로 점검하여야 하며, 약간이라도 문제가 있다고 판단되면 멈추어 재점검해야 한다. 때때로 뭔가 잘못 되었음을 알면서도 쭈뼛거리며 시간을 끄는 경우가 많은데, 그건 '잘못한' 것이 아니라 올바른 선택을 위한 '또 하나의 검증'이란 자부심을 가져야 한다. 잘못한 게 아니라, 오히려 '잘 하고 있는 것'이다.

둘째, 정보의 재구성은 깊이에서부터 시작한다.

최근 한 신제품을 론칭했다. 24년 회사 역사상, 최단 기간에 최대 수량의 제품을 판매한 놀라운 기록을 세울 정도로 론칭이 성공적이었다.

초기 그 제품을 기획·검토하던 당시를 떠올려 본다. 수년간 연구해서 가져온 좋은 아이템이었다. 시장성이 있었고, 과학적 근거도 충분했다. 그런데 그분들 말로, 경쟁 제품은 임상 실험에서 3개월 만에 다이어트 효과를 보았기 때문에 빠른 효과를 자랑하는데, 본인들 제품은 6개월간 실험을 했기 때문에 오래 걸리는 느낌이 든다고 했다. 나는 시간을 갖고 자료를 찬찬히 들여다보았다. 이들 자료에도 3개월 검증이 있었고, 다이어트 효과가 괜찮았다. 나는 이 데이터를 이렇게 설명했다.

"남들은 3개월까지만 다이어트 효과가 난다는 것을 확인했지만, 우리는 3개월은 물론, 6개월까지도 꾸준히 다이어트가 되는 것을 확인했다. 그리고 이것은 6개월을 계속 먹어도 안전하고, 건강하게 다이어트가 되었다는 것을 의미한다."

우리는 매일매일 먹는다. 하루하루 나이가 들면서 기초대사량은 떨어지지만, 맛있는 음식에 대한 정보는 더욱 늘어나 필요보다 점점 더 먹게 된다. 이런 음식 정보는 지구 반대편의 정보까지도 수백만 개가 공유되면서, 경험하고 싶은 맛난 것들이 넘쳐난다. 그래서 우리 대다수는 '평생 다이어트'할 각오가 되어 있지 않은가? 그렇다면, 6개월 검증은 경쟁 제품 대비 정말 좋은 강점이었다. 이렇게 설명하니 '꼭 먹고 싶은 소재'로 가치 전환이 되었다.

내가 가장 싫어하는 것이 '깊이가 없는 것'이다. 생각을 깊이 하지 않고, 정보가 내 것이 되지 않은 상태에서 만들어진 제안서를 보고 있노라면, '후~' 하고 입김 한 번에 활자들이 날아가 버리는 상상에 빠지곤 한다. 그런 얕음으로는 정보를 재구성할 수 없고, 진짜 가치를 찾아낼 수 없다. 깊이 있게, 차분히 들여다보고, 그

정보를 '내 것'으로 소화한 후에 보고서를 작성하라.

셋째, 가치를 연결하면 배가된다.

가끔 후배들이 질문을 한다. 대체 우리(개발과 상품화) 일은 어디까지 봐 줘야 하느냐는 것이다. 맨 처음 기획하고 가시적인 상품으로 만들어지는 첫 부서이다 보니, 생산하다가 생기는 문제, 제품을 한참 운영하다가 생기는 문제도 다시 우리에게 오는 경우가 많아 힘든 것이 사실이다. 그럴 때, 나는 진심으로 아끼는 후배에게만큼은 이렇게 말한다. '우리는 이 제품에 대해 무한 책임을 져야 해. 절대 끝나지 않아.'라고….

왜냐하면 그 모든 발생 가능한 이슈들을 경험하고 미리 알아 두는 것이, 다음에 더 좋은 것을 만드는 데 정말 중요한 밑거름이기 때문이다. 그렇다고 해서 일단락된 것을 계속 신경 쓰고 있으라는 것이 아니다. 내 업무가 아닌데, 다른 이들의 업무에 기웃대란 뜻도 아니다. '이제 내 일 아니다'라는 생각으로, 업무에 선을 그어 차단하지 말라는 뜻이다.

또한 가치는 공간적으로도 연결되어야 하는데, 사람과 사람 사이가 가장 중요하다. 내가 만든 가치를 다른 이가 그냥 이해해 주길 바란다면, 그것처럼 미련한 생각이 없다. 가치는 만드는 것보다, 또 다른 누군가에게 연결하는 것이 더 어렵고 중요하다. 함께 할 사람들을 얻고, 그들에게 진심으로 노력해야 그 가치가 전달된다.

넷째, 나 자신을 객관적으로 평가하자.

언젠가 유튜브를 통해 펜실베이니아 주립대학에서 인문학 수업하는 것을 흥미롭게 본 적이 있다. 동양인과 서양인의 자기 자신을 어떻게 인식하는지, 문화적 차이에 대한 이야기였다. 전형적인 미국 문화에서 성장한 한 학생은, 본인은 운동도 공부도 충분히 잘하고 있다고 말했다. 반면, 기어 들어가는 작은 목소리로 스스로를 '그냥 그렇다. 보통이다.' 수준으로 평가하던 한국인 학생은 알고 보니 그 미국인 학생보다 성적이 좋을 뿐만 아니라 2년 만에 펜실베이니아 주립대학을 졸업하는 수재가 아닌가?! 담당 교수는 이 현상이 동서양의 문화 차이에서 기인한다고 했다.

유사한 사례로, 일반적으로 여성은 남성에 비해 스스로를 낮게 평가하여 회사에서 승진이나 연봉에 있어 불리한 경우가 많다고 한다. 이 글을 읽는 대다수는, 남성들과 함께 일하는 '동양인 여성'이다. 나 역시 이런 경험이 있었기에, 스스로를 저평가하는 후배들을 보면 안타깝다. 지독한 겸양은 또 다른 교만이다. 물론, 과대평가도 주의하라. 우리가 지금껏 훈련한 대로, 각자의 차별화된 가치를 발견하고, 성장시키고, 서로 연결해 선한 영향력을 발휘하는 리더들이 되기 바란다.

# 스무 살 시절의
# 나에게 보내는 위로

황춘홍

㈜다우진유전자연구소 대표이사

울산대학교 미생물학과에서 학사와 석사 학위를 취득하고, 고려대학교 의학
과에서 종양생물학을 전공하여 박사 학위를 취득했다. 원자력병원 실험치료
연구실과 벤처기업 아이디진에서 연구원으로 근무한 후, 유전자감식 전문기
업인 ㈜다우진유전자연구소를 설립하여 20여 년간 회사를 운영하고 있다. 사
단법인 해외입양인연대 이사와 한국여성공학기술인협회 이사 및 한국여성발
명협회 부회장 활동을 하고 있으며, 산업 현장에서 여성 과학 인력의 역량 강
화와 유전자감식 분야의 혁신적 기술 개발을 위해 노력하고 있다.

# 내가 가는 길

윙윙, 핸드폰 진동 소리에 잠을 깼다. 핸드폰을 보니 방송국 PD에게서 온 전화다. 무슨 급한 일인가 받아 보니 최근에 수경사에서 버려진 아이들을 돌보고 있는 것에 대한 방송이 나간 적 있는데, 그 방송을 본 아버지가 자신의 아이인 것 같다고 방송국에 전화가 와서 급하게 내일까지 아버지의 친아이가 맞는지 확인해야한다며 꼭 좀 검사를 해 달라고 부탁한다.

참 공교롭게도 간만에 우리 아이들을 키워 주시는 친정엄마와 남편과 아이들과 함께 강원도로 가족 휴가를 간 다음 날 아침이라서 더욱 난감했다. 일을 생각하면 바로 서울로 출발해야 하고 가족을 생각하면 워터파크에서 신나게 놀 생각에 마음이 부풀어 있는 아이들 생각에 너무 미안해서 어떻게 해야 할지 판단이 안 섰다. 담당 PD한테 "미안하지만 가족과 휴가를 와서 어려울 것 같다."고 얘기하니 "죄송하지만 이번에 꼭 좀 부탁드립니다. 사안이 매우 시급합니다."라고 했다.

아이 아버지와 아이 엄마는 결혼 후 시댁에 들어가서 신혼살림을 차렸는데, 아이 아빠가 군대에 가게 되어서 아이 엄마 혼자 아이를 키우며 시댁에서 살았단다. 남편 없는 고된 시집살이에 아이 엄마가 가출하게 되고, 시부모님이 아이를 수경사에 맡겼다고 한다. 제대 후 집에 온 아이 아빠한테 시부모는 아이 엄마가 가출해서 아이를 해외로 입양 보냈다고 거짓말을 하고, 아이를 수경사에 보낸 사실을 숨겼다고 한다.

갑자기 가족이 파탄 난 사실을 알게 된 아이 아빠는 술에 빠져 삶을 포기하다시피 하고 살다가 우연히 TV 프로그램에서 자신의 아이와 닮은 아이를 발견하고는 다급히 방송국에 연락했다고 한다. 그 당시 아이 나이는 여섯 살쯤이라는데, 자꾸 우리 큰아이 얼굴과 겹쳐서 떠오르는 아이 얼굴을 생각해 보니 차마 거절할 수가 없었다.

자고 있는 남편을 조심히 깨우며 사정을 말하고 어떻게 하는 게 좋을지 상의하니, 남편이 점심 먹고 다 같이 서울로 출발하자고 했다. 갑작스런 상황인데도 이해해 주는 남편이 무지 고마웠다. 아이들과 친정엄마한테는 무척이나 미안했지만 상황이 급해서 미안해할 겨를도 없이 허겁지겁 아이들을 깨우고 잠깐 물놀이를 한 후 바로 서울로 출발해서 저녁때쯤 회사에 도착했다.

토요일 늦은 오후 퀵으로 아이 아빠와 아이 검체를 받아 들고 연구실로 들어가 시험 분석을 수행해 일요일 오전 11시쯤 결과를 분석해 보니 아이의 친부임을 확인할 수 있었다. 바로 담당 PD한테 결과를 통보한 후에야 한숨을 돌렸다.

아이를 생각하니 나도 모르게 눈물이 났다. 우리 아이와 비슷한 나이의 그 아이. 어땠을까? 갑자기 엄마가 없어지고 아무것도 모른 채 낯선 곳에 맡겨져 울고 있었을 그 아이. 얼마나 많은 밤을 엄마와 아빠를 찾으며 울었을까? 비슷한 또래인 우리 아이는 할머니와 같이 있어도 엄마가 아침에 출근하려면 다리를 붙잡고 안 떨어지려고 우는데….

그리고 갑자기 아내와 아이를 잃어버린 그 아이의 아빠 얼굴도 떠올랐다. 얼마나 마음이 아팠을까? 짐작만으로도 가슴이 저며온다. 담당 PD를 통해 아이 아빠가 무지 감사해하며 헤어진 가족을 다시 찾게 해 주셔서 감사드리고 꼭 가족이 다시 모여서 행복하게 살겠다는 말을 전해 들었다. 우리 가족들한테는 많이 미안했지만 내가 하고 있는 일에 보람을 느끼는 순간이었다.

밀리던 차 안에서 서울에 빨리 도착하지 못할까 봐 마음을 졸였던 순간들, 친정엄마와 아이들 그리고 남편한테 미안해서 계속 눈치를 봐야 했던 순간들, 혹시 급하게 검사가 들어가서 데이터가 잘 안 나오면 어떻게 하나 마음을 졸이던 순간들…. 그 모든 순간들이 한 번에 보상을 받는 듯 마음이 너무 행복해지는 순간이었다. 힘들어 지쳐서 그만두고 싶은데도 나로 하여금 계속 일을 하게 만드는 마력이 그 안에 숨어 있었다.

## 전공을 선택하기까지

처음부터 이런 일을 하려고 마음먹은 것은 아니었다. 어릴 적 초등학교 시절 나의 꿈은 선생님이었다. 초등학교 시절 아무것도 아닌 얌전하고 평범한 아이를 너무도 이뻐해 주셔서 선생님의 기대에 부응하는 아이가 되기 위해 노력했고, 그 바람에 선생님이 꿈이 되었다.

중학교 시절엔 운이 좋았는지 어땠는지는 잘 모르겠지만 학교 대표로 선발되어 교육청에서 주관하는 어린이 과학동산이라는 프로그램에 참여하게 되어 원자력발전소 등을 견학도 가 보고 교육청에서 실시한 과학실험을 처음 체험하게 되었다. 그 후론 꿈이 과학자로 바뀌었다.

그리고 고등학교 때는 수학이 좋아서 수학만 공부하다가 제일 싫어하는 생물 관련 미생물학과를 진학하게 되고, 대학과 학과가 맘에 안 들어 매일 술독에 빠져 살았다. 그렇게 젊음을 낭비하듯 나를 괴롭히며 살다가 문득 누가 시켜서 들어간 것도 아니고 본인이 선택해서 들어가서는 제대로 노력해 보지도 않고 불평불만만 하고 있는 내 모습이 너무도 비겁해 보여서 학교를 자퇴하려는 마음을 고쳐먹고 제대로 한번 공부해 보고 그래도 싫으면 그때 그만 두자고 다짐했다.

그 당시 국내에 처음 분자생물학이라는 학문이 소개되었는데 내겐 무척 재밌게 느껴져서 열심히 해 보기로 했다. 열심히 공부하니 당연히 성적은 잘 나오게 되고 '내가 이 분야에 소질이 있나?' 하는 생각이 들었다. 그리고 대학원에서 분자생물학 관련 전공 실험을 해 봤을 때 솔직히 이 분야가 나한테 좀 맞는다는 걸 알게 됐다.

## 꿈 그리고 일

꿈이란 뭘까? 직접 본인이 뭘 체험해 보지 않으면 내가 뭘 좋아하는지 잘하는지 알 수 없다. 지금의 교육 방식이 좋은 점도 많지만 아이를 키우다 보니 우린 너무 빨리 자신의 꿈과 미래를 결정하는 것은 아닌가 하는 생각이 든다. 그 나이에 대체 뭘 안다고 미래를 결정하고 그 분야를 꿈으로 결정해서 관련 스펙을 쌓고 대학을 가고….

그냥 자신이 뭘 좋아하고 잘하는지 천천히 들여다봐도 좋을 것 같다. 나처럼 제일 싫어하는 학문 분야에 들어가서 자기가 잘하는 분야를 찾을 수도 있다. 그렇다면 자신이 좋아하는 일을 해야 할까, 아니면 잘하는 일을 해야 하는 걸까?

내 생각에는 잘하는 일을 직업으로 해야 한다고 생각한다. 잘하면 좋아하게 되지만, 좋아한다고 다 잘하게 되는 것은 아니기 때문이다.

우리가 생각하는 직업인은 전문가이다. 전문가는 일을 하고 그 대가로 돈이라는 보상을 받게 된다. 그렇기 때문에 어설픈 아마추어처럼 일을 해서는 안 된다. 일은 전문가처럼 프로처럼 해야 한다. 그러기에 본인이 잘하는 일을 직업으로 삼아야 하고 좋아하는 일은 취미로 꾸준히 계속하는 것이 바람직하다고 생각한다. 내 경험으로 미루어 봤을 때, 좋아하던 일도 직업이 되는 순간 싫어질 수도 있기 때문이다.

그리고 인간이 살아가는 데 있어서 일이란 무엇일까? 내가 일 중독자라서 그런 것일 수도 있겠지만 나에게 일이란 나 자신이다. 나를 성숙하게 만들어 주기도 하고 나란 존재를 일깨워 주는 존재이기도 하다. 매일매일 나의 노력으로 나를 발전시켜 주기도 하고 내가 교만할 때는 나를 바닥으로 떨어뜨려 다시 나를 일어나게 해 세상을 바라보는 마음 자세를 일깨워 주기도 한다.

지금 하는 일을 만나 회사를 운영한 지도 올해로 20년이 된다. 20년 동안 참 많은 일들이 일어났다. 때로는 좌절에 괴로워하기도 하고 때로는 자그마한 성공에 취해 영원한 것처럼 착각했던 때도 있었다. 이런 과정을 겪는 동안 나는 더 단단해지고 세상을 바라보는 마음에 감사함을 담을 수 있게 되었다. 아직도 많이 부족하지만 매 순간 감사하지 않을 때가 없다. 이렇게 살아 있어서 사랑하는 가족과 직원들과 함께 일할 수 있음에 감사하다.

그리고 내가 살아 있는 동안 가급적 나로 인해 상처받는 사람들이 적고 나를 통해 누군가가 희망과 열정을 품어서 보다 행복한 삶을 살아가는 데 내가 조금이라도 도움이 된다면, 그 사실만으로도 행복하고 감사함을 느끼게 된다. 시간이 지날수록 내가 누군가의 삶에 도움이 된다는 사실이 나 자신에게 힘이 되고 내가 살아가는 데 큰 행복이 된다는 것을 깨닫게 되었다.

## 스무 살 시절의 나에게

우연히 30년 전 대학 시절 일기장을 발견했다. 스무 살 시절 그때의 나는 무엇이 그리 힘든지 괴롭다는 말만 일기장에 가득했다. 불투명한 미래, 지방대에 인기 없는 학과, 스스로를 보잘것없다고 느끼던 나, 무엇을 해야 할지 몰라서 매일매일 술을 먹으며 의미 없는 삶을 살고 있다고 자책하던 나.

그 시절의 나를 만나면 얘기해 주고 싶다. 넌 보잘것없거나 쓸모없지 않고 그 자체로 아주 잘 살고 있으며 결국엔 네가 하고 싶은 일을 찾아서 잘 살게 된다고, 그러니 자신을 너무 괴롭히지 말고 지금까지도 잘해 왔고 앞으로도 잘할 수 있다고…. 따뜻한 격려와 칭찬을 해 주고 싶다.

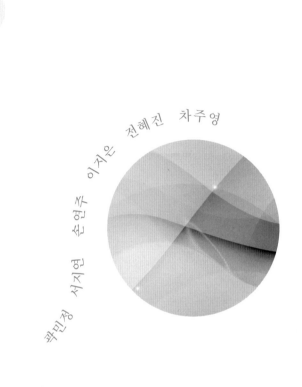

곽민정 서지연 손연주 이지은 전혜진 차주영

*Part 2*

희
망
··

공존하는 미래를 꿈꾸며

# 지속 가능한 녹색 세상을
# 꿈꾸는 산업공학자

곽민정

숭실대학교 산업 · 정보시스템공학과 부교수

지속가능그린디자인을 연구하는 10년차 산업공학과 교수이다. 서울대학교 산업공학과에서 학사 · 석사 학위를, 미국 University of Illinois at Urbana-Champaign에서 산업공학 박사 학위를 취득한 후, 숭실대학교 산업 · 정보시스템공학과 교수로 2013년부터 재직 중이다. 숭실대 지속가능그린디자인 연구실을 이끌며 제품과 서비스를 포괄하는 다양한 유형의 상품을 대상으로 상품의 지속가능성(sustainability)을 최대화하기 위한 설계 최적화 방안을 연구하고 있다. 산업공학적 시각을 바탕으로 수학적 최적화, 데이터 애널리틱스, 전과정평가, 시뮬레이션 등의 다양한 방법론을 활용하여, 상품이 생산 · 소비 · 폐기 · 재순환되는 전 과정(life cycle)에서의 경제적 · 환경적 · 사회적 지속가능성을 최대화하는 보다 효율적이고 효과적인 방안을 제시하고자 한다.

# 내 인생을 바꾼 산업공학

대학에 입학하면서부터 교수가 된 지금까지 인생의 반 이상을 대학에 소속되어 있다 보니, 살면서 가장 많이 받고 수없이 답했던 질문 중 하나가 바로 "전공이 어떻게 되세요?"이다. 그러나 이 질문은 여전히 나를 긴장시키곤 한다. "제 전공은 산업공학입니다."라고 답했을 때 산업공학이 무엇인지를 몰라 순간적으로 당황하는 상대방을 꽤 높은 빈도로 경험했기 때문이다. 사실 나를 더욱 긴장시키는 것은 상대방이 솔직하고 적극적인 사람일 경우에 이어지는 후속 질문이다. "제가 잘 몰라서 그러는데 산업공학이 무엇인가요?"

학사부터 석사, 박사, 그리고 교수가 된 지금까지 22년째 산업공학과 함께하고 있지만 누군가 나에게 산업공학이, 또는 산업공학과가 무엇이냐고 묻는다면 어떻게 답을 하는 것이 좋을지 여전히 고민스럽다. 물론 "산업공학은 전 산업 분야에 모두 응용이 가능한 학문으로, 사람·설비·기술·자본 등 다양한 요소로 구성된 복합적 시스템의 효율성과 생산성을 극대화하기 위한 운영 최적화 기법들을 공부합니다. 산업공학과는 '공대 속 경영대' 같은 곳입니다…"라는 보편적인 설명들을 늘어놓을 수는 있겠지만 과연 이 설명이 상대방으로 하여금 산업공학을 잘 이해할 수 있도록 하는 좋은 설명인지, 과연 산업공학이 추구하는 최적화된 설명인지 늘 의문이 든다.

하지만 한 가지 확실하게 말할 수 있는 건 이만큼 재미있고 쓸모 있으며 매력적인 학문이 또 어디 있겠느냐는 것! 산업공학은 고정

된 틀에 맞추어 설명하기엔 그 가능성이 무궁무진하고 변화무쌍한 역동적인 학문이라는 것이다. 현재 우리나라 유수 제조·IT기업의 CEO들 중 산업공학과 출신이 굉장히 많다는 점은 미래 산업을 이끌 산업공학의 중요성을 보여 준다.

특별한 꿈을 지닌 것도 아니고 공부에 그리 뜻이 있는 것도 아니었던 내가 대학원 진학을 결정하고 용기 내 홀로 유학을 떠나고 지속가능디자인(sustainable design) 전문가를 꿈꾸며 평생 산업공학과 함께하는 학문의 길을 걷게 된 것도 모두 산업공학의 매력에 흠뻑 빠졌기 때문이다.

사실 원고 제의를 받고 이 글을 적기까지 어떤 이야기를 할지 많은 고민을 했다. 그다지 특별할 것 없는 나의 이야기를 적는 것이 무척 쑥스럽지만, 산업공학에 대한 고마움과 애정을 담아 산업공학과의 만남이 평범한 한 여학생의 인생을 어떻게 바꾸었는지, 산업공학과 함께해 온 나의 여정을 소개해 보려 한다.

나의 경험이 담긴 이 이야기가 공학자의 길을 꿈꾸고 있는 누군가에게, 또는 대학 교수를 희망하는 누군가에게 조금이나마 도움이 될 수 있기를 바란다. 더불어 나의 이 글이 산업공학에 대한 관심과 흥미를 불러일으키는 데 조금이나마 기여할 수 있다면 더할 나위 없이 기쁠 것 같다.

## 산업공학을 만나다

대학 교수의 주요 업무 중 하나는 학생 상담이다. 내가 1학년 학생들을 상담할 때 빼놓지 않고 하는 질문 중 하나는 바로 "어떻게 산업공학과로 오게 되었나요?"이다. 학과를 선택한 배경에 따라 산업공학에 대한 기본 지식이나 전공에 대해 갖는 기대(또는 전공 선택을 과연 잘한 것인지에 대한 불안), 희망하는 진로의 구체성이 많이 달라지기 때문이다. 물론 전공에 대해 확신을 가지고 입학한 학생들도 많이 있지만 사실 꽤나 많은 학생들은 부끄러워하는 표정으로 "점수 맞춰서 왔어요."라고 말한다. 그럼 나는 씩 웃으며 말한다. "괜찮아요. 저도 비슷했어요."

자녀 공부에 대한 부모님의 관심이 아무래도 입시 경쟁에 먼저 뛰어든 네 살 위 오빠 쪽에 자연스레 쏠리다 보니 나는 큰 스트레스 없이 비교적 평범하고 무난한 학창 시절을 보냈던 것 같다. 집에서 가까운 여고로 진학해 소위 상위권 성적을 유지하기는 했지만, 어느 대학, 어느 학과에 꼭 가야 한다는 뚜렷한 목표를 세우기보다는 그저 곧 있을 중간고사, 기말고사 점수를 걱정하며 하루하루를 보내곤 했다. 그러다 보니 막상 대입 원서를 넣을 때 어느 학과에 지원하는 것이 좋을지 참 난감했는데 학과 배치표를 펼쳐 놓고 온 가족이 모여 자연대와 공대의 수많은 학과들을 살펴보며 여긴 어떨까, 저긴 어떨까 원서 접수 마감일까지 고민했던 기억이 난다.

산업공학과는 당시 전기공학부 졸업반이었던 오빠가 알려 준 학과였다. 자신이 만약 이 학과에 대해 진즉 알았더라면 여기 진학했을 텐데 너무 아쉬웠다며 공대임에도 경영 관련된 내용을 많이 배우고 여학생들이 꽤 있는 것을 보니 어싱이 잘할 수 있는 공학 분야인 것 같다는 설명이었다. 이름만 들어도 과연 내가 버틸 수 있을지 걱정부터 되는 다른 학과와 달리 왠지 여기는 나도 잘 적응할 수 있을 것 같다는 감 하나로 원서를 접수했고, 그렇게 산업공학과 새내기가 되었다.

얼떨결에 선택한 산업공학과였지만 나의 선택은 성공적이었다. 우리는 '박쥐'다. 공대 오리엔테이션에서 선배들은 산업공학과를 이렇게 표현했다. '박쥐'처럼 그때그때 잘나가는 학과에 붙으면 된다는 이야기였는데, 산업공학의 특징을 잘 드러낸 재미있는 표현이라 생각한다.

산업공학은 공학·과학적 지식과 경영 기법을 접목해 산업계의 다양한 문제를 해결하고자 하는 학문이다. 문제를 해결하려면 먼저 전체적인 상황을 파악하여 문제를 잘 정의해야 하고, 여러 대안 중 최적의 해결안을 찾아 적용하는 것이 중요할 터. 따라서 산업공학은 전체적인 맥락에서 문제를 바라보는 시스템적 사고를 중시하고, 다방면을 연결·융합하여 최적의 문제 해결안을 발굴하는 관리자의 자세를 강조한다.

기계, 전기·전자, IT, 화학 같은 전문 분야를 특정할 수 없다는 점에서 우려하거나 불안해하는 학생들도 있지만, 바꾸어 생각하면 융합적 사고나 접근이 어느 때보다도 더욱더 요구되는 오늘날에 있어, 어떤 산업에나 적용 가능한 근본적인 문제 해결 기법을 다루기에 진출 분야에 한계가 없다는 점, 또한 새롭게 부상하는 어떤 산업에라도 빠르게 적응할 수 있다는 점이 큰 장점이자 매력으로 다가왔다. 산업공학과는 공대에 있지만 다른 공대 학과와는 다르구나. 산업공학은 특별해! 산업공학에 대한 기대감과 설렘이 가득 찬 상태로 나의 대학 생활이 시작되었다.

## 대학 생활, 나를 알아 가는 과정

4년간의 나의 학부 생활을 요약하면 '나를 알아 가는 과정'이었던 것 같다. 산업공학과의 교육과정은 기업 운영 전반에 걸친 다양한 교과들을 포괄하고 있어 흔히 '넓고 얕게 배운다'라고 일컬어진다. 그러다 보니 모든 교과를 다 좋아하고 잘하기란 그리 쉽지 않다. (물론 다 잘하는 친구들도 있긴 하다.)

나 역시 입학 후 생산관리, 품질관리, 경영과학, 인간공학, 정보시스템, 데이터분석 등 다양한 전공교과를 수강했는데 어떤 강의는 나와 잘 맞고 성적도 잘 나왔지만, 어떤 강의는 그저 진도를 따라가는 데에 급급하기 일쑤였다. 처음에는 모든 교과를 다 잘해야 하는 것 아닌가, 전공을 잘못 선택한 것 아닌가 고민이 많았는데 곧 동기들의 상황 역시 나와 크게 다르지 않음을 알게 되었다. 워낙 다양한 분야를 다루는 전공이기에 각자 잘하고 좋아하는 과목이 다른 것은 지극히 자연스러운 일이었다.

모든 것을 잘해야 한다는 생각을 깨고 나니 한결 편안하고 즐거운 대학 생활이 이어졌다. '아, 이런 것도 있구나!' 하고 여러 분야를 두루두루 배워 가며 나에게 가장 잘 맞는 분야가 어떤 것인지 자연스럽게 알게 되었다. 이렇게나 분야가 많은데 맞는 게 하나라도 있을 거라며 잘하면 잘하는 대로, 또 못하면 못하는 대로 마치 보물찾기를 하듯 이것저것 즐겁게 공부했던 것 같다.

고학년이 되어 참여한 대외 활동(공모전, 기업체 대학생 자문단 활동 등)은 나의 적성과 산업공학의 가치를 확인할 수 있는 좋은 계기가 되었다. 다양한 배경을 가진 또래 친구들을 만나 함께 활동하면서 내가 어떤 사람이고 어떤 일을 잘하는지 좀 더 명확해지는 기분이었다. 신기하게도 그동안 두루두루 들었던 전공과목들이 다방면의 이야기를 이해할 수 있는 훌륭한 바탕이 되어 주었고, 전체 맥락에서 문제를 파악하여 최적의 해결안을 찾고자 하는 산업공학도의 습성이 프로젝트 성공을 리드할 수 있는 매우 특별한 역량임을 알게 되었다.

나는 특히 제품이나 서비스를 고객 관점에서 분석하여 신제품 아이디어를 내는 상품기획, 상품개발 프로젝트에 있어 좋은 성과를 냈다. 그러고 보니 그동안 끌렸던 과목들 역시 인간공학, 생산관리, 품질관리 등 제품이나 서비스 개발과 관련된 것들이었음이 떠올랐다. 아마도 나의 적성이 상품기획, 상품개발에 있는 것 같다는 생각을 갖게 되었다.

## 대학원에 진학하여 지속가능디자인 전문가를 꿈꾸다

4학년이 되어 몇몇 친구들이 취업을 준비하기 시작했다. 꽤 성실하게 대학 생활을 했지만 막상 취업을 한다고 생각하니 걱정이 앞섰다. 실력으로나 심적으로나 스스로 준비가 덜되었다는 생각이었다. 바로 그때, 대학원이라는 다른 길이 눈에 들어왔다. 마침 학과 내 '제품공학 연구실'이 대학원생을 모집 중이었다. 제품/서비스 개발 과정의 여러 문제를 공학적으로 해결, 관리하는 방안을 연구한다니 내게 딱 맞겠다 싶었다. 학부에서 여러 분야를 넓게 배웠는데 이제는 제품개발 쪽을 좀 더 깊이 있게 배우고 싶다는 명

분을 내세우며 대학원에 입학했다. 하지만 입학할 당시의 나는 솔직히 공부를 더 하고 싶은 마음보다는 취업 시기를 2년 미루고 싶은 마음이 더 컸던 것 같다.

대학원 생활에 대해 잘 모른 채로 덜컥 입학부터 하다 보니 대학원 생활은 당황의 연속이었다. 우선 대학원 공부는 학부 공부와 그 성격이 너무나 달랐다. 그동안은 시간을 충분히 들이면 교수님이 알려 주신 내용을 어느 정도 이해할 수 있었고 시험도 자신 있게 보곤 했는데, 대학원 공부는 이상하게 해도 해도 내용에 끝이 없고 봐도 봐도 모르겠는 것투성이였다.

더 큰 문제는 연구였다. 대학원은 궁극적으로 연구를 하는 곳인데 그 연구라는 것이 스스로 문제부터 찾아 새롭게 풀어 나가야 하는 과정이라 벽에 부딪히기 일쑤이고, 나의 부족함이 적나라하게 느껴져 하루하루 너무나 괴로웠다. 입학 후 처음 읽었던 논문은 내용을 이해하기까지 2주가 넘게 걸렸다. 단 한 편에 2주라니 자괴감에 휩싸였다. 모르는 용어도 너무 많은데 읽어야 하는 참고문헌들은 꼬리를 물고 계속 등장하니 막막하기만 했다. 논문 읽는 것도 이렇게 힘든데 연구는 어떻게 할까, 과연 졸업은 할 수 있을까, 어떻게든 석사만 마치고 취업할 거라고 수없이 외치곤 했다.

그런데 영원히 느끼지 못할 것 같던 연구의 재미가 학위논문을 준비하는 과정에서 뒤늦게 찾아왔다. 제품공학은 제품/서비스 개발 과정에서 고객만족, 경제적 비용, 환경적 영향 등을 고려하여 최적 상품을 도출하는 학문 분야인데 이 중 환경영향과 관련한 부분이 내 눈길을 끌었다. 환경오염 문제는 예전부터 수없이 논의되어 왔지만, 이를 해결하기 위해서는 기업이 제품 설계를 잘하는 것이 관건이라는 점이 특히 인상적이었다. 무엇보다도 상품이 야기하는 경제적·환경적·사회적 영향을 통합적으로 고려해 상품의 지속가능성이 극대화될 수 있도록 설계하는 문제는 산업공학자가 활약할 수 있는 매력적 과제라는 확신이 들었다.

흥미가 생기니 연구에도 진전이 생기기 시작했다. 부품 재사용과 물질 재활용을 원활히 하기 위해서는 폐기 시 해체가 용이해야 한다는 점에 착안하여 해체고려설계(design for disassembly) 방법론을 연구하기 시작했다. 물론 연구를 진행하며 힘든 순간이 계속 찾아왔지만, 이 주제를 파고들수록 느껴지는 재미가 연구를 계속할 수 있는 원동력이 되었다. 마침내 석사 졸업논문을 완성한 순간, 그동안 느껴 보지 못한 희열과 함께 이 분야를 더 공부하고 싶다는 강한 열망이 생겨났다. 지속가능디자인 전문가라는 꿈을 갖게 된 것이다.

이후의 내 삶은 꿈을 좇아 달리는 시간이었다. 용기 내 유학을 결정했고 지속가능디자인 분야의 연구를 지속하여 박사 과정을 마쳤으며, 이후 한국에 돌아와 숭실대학교 지속가능그린디자인 연구실을 이끄는 대학 교수가 되었다.

연구는 여전히 힘들고 막막할 때가 많다. 하지만 오늘날 모든 산업 분야에서 ESG경영, 탄소중립, 지속가능발전 등이 중요시되고 있는 시점에서 나의 교육과 연구 분야가 지속가능한 세상으로의 전환에 기여할 수 있으리라는 희망과 확신을 가지고 오늘도 열심히 달리는 중이다. '지속가능디자인을 연구하는 산업공학자'라는 나의 정체성과 소명에 큰 자부심과 자긍심을 느낀다.

## 마치며

가끔 내가 산업공학을 만나지 못했더라면 어떻게 살고 있을지를 상상한다. 만약 다른 전공을 선택했다면 내가 대학원에 진학을 했을까? 지속가능디자인이라는 매력적인 세계를 만날 수 있었을까? 과연 평생 연구를 해야 하는 대학 교수라는 직업을 선택했을까? 다른 전공을 경험한 것이 아님에도 아마 아닐 것이라는 확신이 드는 것을 보면, 산업공학과의 만남이 내 인생을 바꾼 결정적 사건이자 행운이었음이 분명하다.

산업공학은 나에게 지속가능디자인이라는 길을 열어 주었고, 지속가능한 세상을 설계하는 산업공학자라는 꿈을 선사해 주었다. 앞으로 행복하고 만족스러운 교육과 연구 생활을 통해 자연과 친화적인 지속가능 녹색 세상을 만들어 가는 데 조금이나마 기여하고 싶다. 마지막으로 내가 사랑하는 이 멋진 전공을 보다 많은 사람들이 알게 되고 함께하게 되길 기원하며 나의 이야기를 마친다.

# 막연해도 괜찮아,
# 미래의 너를 꿈꿔 봐

서지연

부산대학교 나노에너지공학과 조교수

아주대학교 응용화학과에서 공학 학사, 석사 학위를 취득한 후, 현대자동차 중앙연구소에서 4년간 근무하였으며, 스위스 로잔연방공대(EPFL)에서 박사 학위를 취득하였다. 스위스 스타트업 회사에서 2년간 태양전지 연구 개발을 하다 2020년 부산대학교 나노에너지공학과에 임용되어 현재까지 근무하고 있다. 학생들과 재미있게 연구를 하고 있는 중이다.

# 그냥 마음속에 떠오르는 걸 적어 봐, 그러면 현실이 될 거야

부산대학교에 임용된 지 만 2년이 되었다. WISET 단장이신 김효정 교수님으로부터 이번 집필 요청을 받았을 때 잠시 망설였다. 과연 내가 누군가에게 조언을 줄 수 있는 입장인가? 나도 아직은 부족한 것이 너무 많은데. 그럼에도 불구하고 이렇게 글을 쓰게 된 이유는 내 작은 이야기를 통해 불확실한 미래를 걱정하는, 이제 막 공부를 시작한 후배들에게 조금이나마 도움이 되고 싶어서이다.

## 대학생에게 60대 이후의 계획까지 세우라고?

나는 아주대학교 응용화학과 05학번이다. 내가 학교에 다녔을 당시 우리 학과는 공학교육인증(ABEEK) 프로그램을 운영 중이었다. 나는 프로그램 이수 학생으로 포트폴리오를 작성해야만 했는데, 포트폴리오 제일 첫 장이 '나의 미래 설계'였다. 포트폴리오를 다시 열어 보기 전까지 내가 그 당시 내 꿈에 대해 무엇을 적었었는지 당연히 기억하지 못했다. 다만 어렴풋하게 기억나는 건 내가 내 미래를 적어서 낼 당시 나는 매우 불만스러웠다는 것이다. "당장 내일 일도 모르겠는데 어떻게 10년 뒤, 40년 뒤를 계획하라는 거야?!"라고 투덜거리며 얼렁뚱땅 키보드를 두드렸던 것이 생각난다.

그리고 2년 전, 이사를 위해 짐을 정리하던 중 그 포트폴리오를 11년 만에 다시 열어 보게 되었다. 그리고 내가 쓴 미래 설계를 읽고 순간 나는 소름이 돋았다. 그때 당시 제출을 위해 고민도 없이

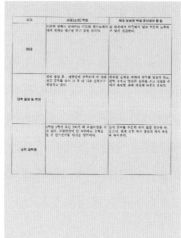

2008년에 내가 세운 나의 미래 설계

막연하게 썼던 것들이 하나씩 현실이 되고 있었기 때문이다. 위의
포트폴리오대로 나는 대학원에 진학을 했고 현대자동차 중앙연구
소에 취직을 했으며, 지금까지 내가 하고 싶은 연구를 하고 있다.
내가 기억하지도 못했던 과거의 내가 세운 30대까지의 계획이 모
두 이루어지고 있다.

### 구체적이지 않아도 괜찮아~

내가 적은 계획들은 그다지 구체적이지 못하다. 그나마 '대학 재
학 중'만 구체적이다. 현재로부터 먼 미래일수록 점점 막연한 한
줄의 문장으로 표현되어 있다. 지금 생각해 보니 그때 많은 고민
없이 적어 냈던 것이 R=VD(Realization = Vivid Dream)가 가능한 미래

설계를 할 수 있었던 비결이 아닌가 싶다. 나도 모르게 원했던 내 모습이었기에 또는 내가 해 보고 싶었던 일들이었기에 '툭'하고 머릿속에 떠올랐던 것이 아닌가 싶다.

이전에도 언급했듯이 너무나도 당연하다. 지금 당장 내일 그리고 다음 학기의 내 일도 예상을 할 수 없는데 10년 뒤를 구체적으로 계획한다는 건 정말 무리가 있다. 짧은 한 문장으로 적혀 있다고 해서, 오래 앉아서 고민하지 않았다고 해서 내가 진정 꿈꾸는 미래가 아니라고 말할 수는 없다. 과거의 내가 하고 싶어 했던 것들이 하루하루 축적되어 나도 모르게 그 문장을 떠오르게 한 것이다. 그렇기 때문에 나는 미래를 설계하는 데에 있어서 그 내용은 구체적이지 않아도 괜찮다고 생각한다. 그래서 나는 요즘도 가끔 내가 되고 싶은 모습을 순간순간 떠올려 본다.

## 어떻게 이루어진 거야?!

10년이란 시간이 내가 계획했던 대로 살아지고 있다니 정말 신기하다. 졸업 후 많은 시간이 지나지는 않았지만 10년이란 시간이 짧으면 짧지만 또 길면 길다. 30대라 치면 인생의 3분의 1인 시간이니까 말이다. 그래서 생각을 해 봤다. "어떻게 이렇게 되었지? 기억도 안 나는데 과거의 내가 적은 대로 되고 있잖아." 그리고 지금 내가 찾은 답은 '사람(조력자)'이다.

나는 낯이 많은 편이다. 요즘 유행하는 MBTI 검사에서 'E'가 나오는 외향적인 사람이다. 그래서 내가 하는 일과 하고 싶은 일들,

내 고민에 대해서 지인들에게 자주 이야기하곤 한다. 그리고 그들로부터 지금의 내가 되기까지 알게 모르게 많은 도움을 받고 있었다. 개인적으로 힘들 때는 오랜 친구가 힘이 되어 주었고 연구적으로 일적으로 고민이 많을 때는 지도교수님과 함께했던 박사님, 선배님들이 도움이 되어 주었다. 그리고 그 도움들은 내 꿈을 실현하는 데 순간순간 많은 부분을 차지했다. 알게 모르게 내가 내 꿈을 주변 사람들한테도 공유하고 있었던 것이다. 그리고 그들 또한 알게 모르게 내 꿈의 숨은 조력자가 되었다.

여기서 중요한 건 지속적이어야 한다는 것이다. 오랜 시간 동안 내 꿈이 만들어졌듯이 그들도 나를 이해하는 데 오랜 시간이 필요하다. 나의 대표적인 숨은 조력자는 석사 지도교수님이신데, 나는

내 꿈의 숨은 조력자들
(지도교수님과 연구실 사람들)

석사 졸업 후에도 별다른 이유가 아니더라도 모교 근처에 갈 일이 있으면 자주 교수님을 찾아뵙고 시시콜콜한 내 일상 이야기부터 회사일 등에 관한 이야기를 나누었다. 그래서인지 나를 제일 잘 알고 있는 한 분이기도 하다. 그래서 돌이켜 보니 내가 진로를 결정하는 결정적인 순간에 교수님의 조언들이 많이 도움이 되었다. 사진의 권오필 교수님과 최은영 박사님 동기와는 지금까지도 자주 연락을 주고받는 사이이다.

## 과거의 나를, 지금의 나를, 그리고 미래의 나를 믿어

사실 나는 지금 조금 부담되기도 한다. 앞으로 40대와 50대의 내 계획이 지금의 내가 이루기에 너무 거창하다. '획기적인 논문을 발표한다.' 곧 다가올 나의 미래이다. 과연 나는 이루어 낼 수 있을까?

나는 왜인지 할 수 있을 것 같다. 그 이유는 그 꿈을 꾸었던 과거의 나를, 그 꿈을 이루기 위해 노력할 지금의 나와 미래의 나를 믿기 때문이다. 물론 내가 처한 상황은 항상 변하고 내 생각도 바뀔 수 있다. 하지만 큰 틀은 변하지 않을 것이다. 왜냐하면 나는 지금 내가 하고 있는 일들이 너무 재미있고 즐겁기 때문이다. 과거의 내가 그랬듯이 지금의 내가 현재를 즐기면서 노력한다면 40대의 내 꿈은 아마도 이루어질 거라고 생각하지만, 그 꿈에 집착하지 않을 거다. 지금까지 그래 왔듯이 나는 나를 믿기 때문이다. 여러분도 앞으로의 일들을 해낼 여러분 스스로를 믿길 바라며, 성공하게 될 여러분을 응원한다.

# 그래도 다시 하려느냐?
# 헬스케어 소나무

손연주

KT 디지털&바이오헬스사업단

보건학 석사를 취득한 후, 1996년 12월 한국통신공사 연구소로 입사하였고 2002년 민영화된 KT에서 25년 넘게 근무했다. 입사 이후 연구개발, R&D 사업관리, 기술 전략 & 사업화, HRD, 기업혁신 등 다양한 조직과 직무를 경험했다. 우여곡절 끝에 2010년부터 헬스케어 관련 연구를 시작하여 지금은 본격적으로 디지털 헬스케어 사업을 하고 있다. 특히, 작년 2021년부터는 디지털 치료기기(=디지털 치료제) 사업을 중점 추진하고 있으며 병원, 디바이스회사, 제약회사, 정부부처 기관들과 다양한 협업을 진행하고 있다.

# 나는 어디로 가야 하는가?
## - IMF 외환위기, 연구소에서 연구개발본부로

1995년도 '취업하고 싶은 회사' 조사 결과 상위를 차지했던 한국전기통신공사(Korea Telecom)에 1996년 12월 입사를 해서 대전에 있는 연구소에서 근무를 시작하게 되었다.

그 당시에는 맨홀 속에서 통신케이블을 연결한 후 납덩이를 불로 녹여서 봉합을 했고, 그로 인해 근로자들에게 직업병(납중독)이 산업재해로 발생하던 때였다. 선로기술연구소에서는 통신인프라와 관련된 연구를 수행했고 보건안전을 위한 연구프로젝트로 다양한 보건안전 교재 개발과 지침들, 그리고 관리 시스템을 만드는 일을 진행했다.

1997년 IMF 외환위기로 회사가 긴축 경영체계로 돌아서자, 매출과 관련되지 않은 연구프로젝트들은 모두 중단되고 조직도 개편되었다. 어려운 시기에 '보건안전'은 후순위가 되었고 갑자기 일(Job)이 없어지면서 나의 존재가 필요 없게 된 것이다. 연구소의 담당임원은 "우리 연구소에는 더 이상 할 일이 없으니 다른 일을 찾아서 옮기세요."라고 통보하였다. 그 당시 입사한 지 얼마 되지 않은 데다 아는 사람이라고는 대전연구소의 몇몇 선배들뿐인 내게는 하늘이 무너지는 것과 같은 얘기였다.

"그래도 제가 뭔가 할 일이 있지 않을까요?"라고 선배들에게 매달릴 수밖에 없었다. 선배 한 분이 당신이 만든 프로젝트에 '현장조사 업무'가 있는데 힘들긴 하겠지만 함께해 보자고 제의를 했다. 그 선배의 말이 내게는 마지막 동아줄 같았고 힘든 일도 마다하지 않겠다고 생각했다.

그 일은 당시 전국에 있는 '가입자망 선로 현황 조사'를 하는 것으로 개조한 1톤 탑차에는 관로 카메라를 싣고, 다른 1톤 트럭에는 양수기와 공기(Air) 컴프레서를 싣고 전국 5대 도시를 대상으로 표본조사 하는 것이었다.

대전, 광주, 부산, 인천, 서울 도심의 도로 한복판에 공사/안전 표지판을 설치하고, 양수기로 지하 맨홀의 물을 빼내고, 에어 컴프레서를 이용해서 관로를 선통하고, 막힌 관로에는 관로 카메라를 밀어 넣어서 관로가 막힌 원인을 찾아 기록하고 분석하는 일을 했다.

몇 개월 동안 비가 오나 바람이 부나, 길 막히게 한다고 쌍욕도 먹어 가면서 여러 가지 일들을 경험했지만 아직도 기억에 남는 것이 있다. "너도 공부 못하면 저런 일 해야 한다."며 엄마가 자녀에게 하는 말을 듣게 된 것이다.

또 "여자가 왜 이리 험한 일을 하는고? 에구구···." 어르신의 안타까워하는 소리도 들었다. 할 수 있는 일이 간절했지만 맨홀 조사는 쉽지만은 않았다. "이렇게 계속 일을 할 수 있을까? 도대체 나는 어디로 가야 하는가?"

결혼을 해서 서울에 있는 남편과 주말부부로 지내며 난임 치료와 수술까지 받았고, 결국 여러 가지 면에서 서울로 가는 것이 합당하게 여겨졌었다.

2001년 1월, 드디어 대전 연구소를 떠나 서울 연구개발본부로 발령을 받아 자리를 옮겼다.

## 나는 무슨 일을 할 수 있는가?
### – HRD 전문가, 인재개발원에서 본사 혁신기획실로

연구개발본부 스텝부서에서는 하는 일이 다양하게 많았다. 연구관리, 연구전략, 연구사업화, 연구인력관리 등…. 그중에서 나는 연구인력의 인력개발을 위한 HRD 업무를 맡게 되었다. 본사 인재경영실과 TF를 구성하여 진행했던 일로 인정을 받아 CEO표창까지 받고 과장급으로 빠른 승진도 하게 되었다.

HRD를 전문적으로 하려면 인재개발원에 가서 관련 업무를 제대로 배우고 자리를 잡아야겠다고 생각했다. 때마침 원주에 KT 리더십아카데미가 개원을 하였고, 리더십교육부에 자리가 있어 옮기게 되었다. 리더십교육부에서는 리더십 관련 교육과정을 설계, 개설, 운영, 결과를 보고하는 업무를 수행했다.

인재개발원에서 근무하면서 좋았던 것은 많은 사람들을 만나고 알게 되는 것이다. 신입사원부터 신임임원까지 정말 많은 사람들을 만났다. 또한 자연스럽게 많은 사람들 앞에 서게 되었고, 아이스 브레이킹 등 강사로 대중 앞에 서서 스피치를 하는 일은 두렵지 않게 되었다. 그러던 어느 날, 리더십교육을 받으러 왔던 혁신기획실의 담당 임원으로부터 "본사에 와서 혁신인력육성(식스시그마) 업무를 맡아 보면 어떻겠냐?"는 제의를 받고 2004년 본사로 자리를 옮기게 되었다.

본사는 기존에 근무했던 조직과는 사뭇 달랐다. 정말 뛰어난 사람들이 많았고 눈에 보이지 않는 경쟁도 아주 심했다. 식스시그마 혁신인력 육성 업무는 KT의 4만여 명이 넘는 전 사원을 대상으로 교육을 계획 · 실시 · 확인하는 일로 혼자서 맡아서 하기에는 과중한 업무였다. 전사로 교육 대상자 선발 문서를 작성해서 발송하는 것도 조심스러운 일이었고 그에 따른 아주 작은 실수도 용납이 안 되는 막중한 업무 부담도 컸다.

그때는 육아휴직을 신청하면 책상이 빠지는 분위기여서 육아휴직은 할 수도 없었고, 법정 출산휴가 90일이 지나면 바로 출근을 해야 했던 시절이었다. 나는 어렵게 출산한 첫째 아이를 데리고 가장 먼저 출근해서 '직장 어린이집'에 맡기고 반면 가장 늦게 퇴근하는 엄마였다. 본사 근무할 때에는 일에 미쳐서 휴일 없이 주말 근무는 당연했고, 회사에 충성하느라 지금의 워라밸은 생각도 못했었다.

낮에는 여러 부서의 많은 사람들과 회의를 하느라고 정작 내가 맡아 처리할 일은 야근을 해야만 정리가 되었고, 이렇게 계속 매일이 반복되다 보니 일과 사람에 치이고 점점 지쳐 갔다. 또 그때는 저녁 회식 때 3차 술자리는 여직원을 제외하는 자리가 당연시 되던 때였고, 무엇보다도 전략적이고 정치적인 본사는 '내게 맞지 않는 옷' 같았다.

## 내가 잘할 수 있는 일이 무엇인가?
### - R&D, 다시 연구개발본부로

2006년 다시 연구개발본부의 스텝으로 자리를 옮겼다. 'R&D 연구사업관리' 업무는 연구개발전략에 따른 연구개발 프로젝트의 제안 수합 및 선정 평가, 수행 중간 평가, 프로젝트 결과 평가 등의 업무를 담당하는 것이다. 또한 연구개발조직과 사업부서의 연계를 통한 연구과제관리를 통해 연구조직의 성과를 챙기는 업무였다.

이 업무를 맡으면서 연구소와 사업부서의 많은 사람들을 알게 되었고 소통하게 되었다. 업무와 성과를 통해 상사로부터 인정도 받게 되었고, 나름 의미도 있고 재미도 있어서 계속하고 싶은 일이 되었다.

어느 날 연구개발본부장으로 사장급 인사가 온다는 소식을 들었고, 기존의 '연구개발본부'라는 조직의 이름이 '신사업본부'라는 이름으로 바뀌게 되었다. 신사업본부장을 서포트하는 비서실 같은 조직이 생겼고 그곳으로 스카우트를 당했다. 당했다고 표현하는 이유는 비서실 같은 조직의 일은 또다시 '맞지 않은 옷을 입는 것'과도 같았고 기존에 하던 R&D사업관리 업무를 계속하고 싶었기 때문이였다.

비서실 같은 조직을 맡은 리더가 나와는 너무나 맞지 않는 사람이었다. 그 리더는 2007년 둘째 출산 후 육아휴직을 쉽게 승인해 주지 않았다. 그때 당시에는 5년 평가 누적으로 승진이 결정되는 시기인지라 한번 인사평가를 잘못 받으면 처음부터 밭을 엎어 버리고 다시 5년 농사를 지어야 하는 것과 같았다. 역시나 1년 육아휴직 후 복직을 한 그해에는 그 리더로부터 최저의 고과를 받게 되었고, 조직개편과 더불어 자연스럽게 그 조직을 떠나 다시 'R&D 사업관리' 업무를 맡게 되었다.

**내가 잘하면서 타인에게도 인정받는 일이 무엇인가?**

연구개발본부에서 일하는 동안 나의 전공을 물어보는 사람들이 종종 있었다. 그러면 나는 "제 전공은 KT입니다."라고 답하곤 했었다. 왜냐하면 KT 연구개발 조직 안에는 전자공학이나 전산학 전공자가 대부분이었는데, 내가 보건학이 전공이라고 말하면 "그게 뭔가요?"라고 되묻기가 일쑤였고 그럴 때마다 마치 내가 이방인이 된 것 같은 기분이 들었기 때문이었다.

그러던 어느 날, 내가 보건학 전공자인 것을 알고 있던 연구소 임원께서 "요즘 무슨 일 하고 있지? 헬스케어 프로젝트 해 보지 않겠어?"라고 말씀을 하시는 것이다. "헬스케어라고요?" 아~ 이때를 위해 지금까지 기다렸던가? 드디어 내가 전공한 것을 써먹을 때가 온 것이다. 병원과 유헬스케어 공동연구를 하게 되었는데 '대화가 통하지 않는다'는 것이었다. 병원과 ICT 중간에서 동시통역사와 같이 쉽게 소통을 할 수 있는 사람이 필요했던 것이다. 내 가슴이 뛰었다. 드디어 눈치 보지 않고 전공을 당당하게 얘기할 수 있게 된 것이고, 나의 전공 역량을 발휘하여 회사 성과를 낼 수 있게 된 것이고, 내가 필요한 존재가 된 것이다.

2010년에 스텝부서에서 연구조직으로 옮겨서 헬스케어 프로젝트를 시작하게 되었다. 분당서울대병원과 다년간 공동연구를 진행했고 유헬스케어 솔루션을 만들어 소규모의 임상도 진행했으며 좋은 성과들도 있었다. 경기도, 질병관리본부(現 질병관리청), 퀄컴과 협력했던 '고혈압 당뇨병 환자 대상의 ICT 적용 시범사업'도 그중에 대표적인 성과였다. 이를 통해 '1개 팀'에서 '여러 팀이 합친 담당'으로 조직도 커졌고 일의 규모도 커졌다. 사업부서에서도 헬스케어 경력직도 다수 채용하였을 뿐 아니라 연세의료원과 '후헬스케어'라는 합작회사도 만들며 전략적으로 헬스케어 사업을 추진하게 되었다.


## 내가 계속할 수 있는 일은 무엇인가?
### - 디지털 헬스케어 사업, 이제는 사업부서로


KT는 매년 조직 개편을 한다. 대표도, 임원도 자주 바뀌고 조직도 자주 바뀐다. 급발전하는 기술과 시대가 반영되는 것이다. 헬스케어가 회사의 핵심 전략사업이 되었고, 관련 연구조직과 사업부서 조직이 하나로 합쳐지게 되었다. 조직을 맡은 담당임원은 연구인력보다는 사업인력이 더 필요하다면서 연구소 인력을 제외하고 사업인력으로 채웠다. 결국 연구소에서의 역할이 공중분해되면서 나와 팀원들은 모두 갈 곳을 잃게 되었다. 그로 인해 나는 2015년부터 3년간 자진해서 손들어 현장으로 나갔고, '언젠가는 헬스케어를 다시 하게 될 날이 반드시 올 것'이라고 굳게 믿고 있었다.

2018년에 기가지니 스피커를 처음 만드셨던 AI연구소 소장님께서 "팀원도 없고 일단 처음에는 혼자서 일해야 합니다. 기가지니를 활용한 헬스케어 서비스를 만들어야 하는데, 그래도 할 수 있겠습니까?"라고 물으셨다. "그래도 다시 하려느냐?"라는 극적인 질문에 나는 바로 "Yes!"로 답한 것이다.

여러 가지 일을 경험했지만 마지막으로 내가 계속하고 싶은 일은 '헬스케어 사업'이었다. 연구개발로 끝나는 것이 아니라 사업화까지 꽃을 피우고 싶었다. 3~4년 전에 연구소에서 기가지니를 활용하여 만든 헬스케어 서비스가 지금에서야 사업화 아이템으로 추진되고 있고, 그런 일들을 목격하니 마음 한편이 뿌듯해진다.

지금은 2021년부터 '디지털 치료기기(=디지털 치료제)' 관련하여 일을 하고 있다. 디지털 치료기기는 몇 년 전 연구소에서부터 하고 싶었던 일이고 최근 국내외에서 주목받는 분야이다. 디지털 치료기기는 기존에 약물로 해결하지 못했던 치료를 대신하기도 하고 기존 약물과 병합하여 치료에 도움을 주기도 한다. 대표적인 국내외 사례로 ADHD, 불면증, 중독, 공황장애 등의 질병을 치료하기 위한 디지털 치료기기들이 있다.

연구개발의 시작부터 사업화에 이르기까지 여러 가지 극복해야 할 과정들이 많이 있다. 헬스케어 사업화를 추진하며 KT 퇴직 이후에도 디지털 치료기기 관련된 일을 계속하고 싶은 소망이 생겼다. 누군가 내게 '헬스케어 소나무'라는 별명을 지어 주었는데, 10년이 넘는 시간 동안 '계속해서 그 자리에서 변함없이 헬스케어를 해 온 사람'이라는 것이다. 나는 이 별명이 좋다.

이 글을 작성하며 25년 직장 생활을 돌아보고 그 속에 만났던 많은 사람들과 일들을 추억하게 됨에 감사하다. 지금까지 KT에서 다양한 경험을 통해 조금씩 발전할 수 있었던 것에도 감사하며, 앞으로도 계속해서 소망한 일을 해 나가는 '헬스케어 소나무'로 살고 싶다.

# 소통으로
# 두근거리는 인생 만들기

이지은

KT Enterprise 부문 제안/수행2본부 팀장

이화여자대학교 전자계산학과에서 학사 학위를 취득한 후, KAIST 전산과
SA(System Architecture) LAB에서 인터넷을 전공하였다. KT에는 전임
연구원으로 입사해서 1997년부터 약 25년간 근무하였다. 연구소에서 KT 인
터넷 구축 연구, 네트워크본부/IT기획실에서 에서 네트워크와 서비스플랫폼
을 구축하였으며 글로벌사업본부에서 글로벌 IT 사업을 담당하였다. 현재 KT
Enterprise 부문 제안/수행2본부에서 열정적으로 제안/수행 작업을 진행하
고 있다.

# 기술에서부터 고객까지 배움의 길

처음에 원고 의뢰를 받았을 때는 나의 경험이 공유될 만큼 좋은 이야기가 될 수 있을까 고민되었다. 망설였지만 다시 살아 본다면 그렇게 열정을 쏟을 수 있을까 스스로에게 질문했을 때 후회는 없는 것 같다. 다양한 환경에서 치열하게 살고 있는 후배들에게 나의 경험담을 통해 응원의 마음이 전달될 수 있으면 좋겠다.

나의 커리어 관련 경험은 중·고등학교 때 컴퓨터 동아리에 가입하면서 시작되었다. 중학교 때 FC100이라는 컴퓨터에서 거의 유일하게 할 수 있는 Basic 프로그래밍을 하면서 놀다가 고등학교 때 경기고/서울고/경기여고를 연결해 준 PLATO라는 컴퓨터를 통해 다른 학생들과 원격으로 교류를 하게 되었다. 컴퓨터와 네트워킹 기술에 대해 더 알고 싶은 마음으로 대학교 전공을 택하였고 졸업 후 우리나라에 인터넷을 도입하신 전길남 교수님 LAB에서 석사 과정을 수행했다. 교수님은 우리에게 과학자가 아닌 엔지니어임을 강조하시고 혹독하고 엄격하게 트레이닝을 하셨다. 덕분에 일을 대하는 자세나 방식은 그때 많이 배운 것 같다.

KT에 입사해서는 그간 연구했던 것들을 실제로 적용할 수 있었다. 석사 논문 내용을 적용해서 그 효과를 영국에서 열린 워크샵에 가서 발표하기도 했다. 구현을 위해서 케이블 공사에서부터 장비 설치·설정을 직접 하고 때로는 바닥을 열고 먼지 속을 기어야 했지만 책의 다소 흐릿했던 내용이 확실히 손에 잡히게 되어 신나게 일했다.

2000년대는 인터넷 사용이 폭발적으로 증가할 시기로 인터넷 접속이 잘 안되면 PC방 주인이 KT에 칼 들고 쳐들어온다는 괴담도 들릴 정도였다. 인터넷 사용이 증가하면서 트래픽의 경로를 알려 주는 라우팅 정보도 많이 증가하여서 인터넷의 안정을 위해 라우팅 프로토콜을 재정비해야 할 상황이었다. 특히 BGP(Border Gateway Protocol) 권역 구조를 확장성 있는 라우팅 정보 전달(route reflector) 체계로 변경하는 것이 화두였다. 잘못 진행했다가는 전체 인터넷 망이 흔들릴 수 있는 상황이어서 우려의 목소리가 많았다.

트래픽이 폭증하기 전에 망 구조를 바꿔야 한다는 생각이었던 나는 안정적인 구조 변경 안을 위해 답이 나올 때까지 매달렸다. 결국 그 안을 가지고 미국 산호세로 가서 전문가들과 검증을 하였고, 문제가 없다는 것을 거듭 확인한 후 최종 의사 결정을 받게 되었다. 팀 전체가 같이 협업하여 라우팅 구조 변경 작업을 진행하였고, 그 결과 망 흔들림 없이 전국 망의 라우팅 구조를 변경하였다. 그 작업과 연계하여 BGP 표준을 만들어서 이후 라우팅 작업의 표준 설정으로 활용하도록 하였다.

오래전 일이지만 아직도 기억이 생생한 것은 아무리 어렵다고 생각이 되더라도 포기하지 않고 계속 시도한다면 결국은 해답이 나온다는 점, 같이 고민하면 아이디어를 더 발전시킬 수 있다는 점, 그리고 위험에 대한 우려의 목소리는 나의 생각을 더 발전시키는 시원자라는 점을 배운 소중한 기회였기 때문이다.

이후에 KBS 〈신화 창조〉라는 프로그램에서 위의 내용을 방영하였고 같이 고생했던 사람들과 함께 TV 프로그램에 출연하게 되었다. 협력사에 의존하던 인터넷 작업을 KT 직원들이 직접 완성했다는 의미로 'KT 인터넷 8·15'라는 부제를 붙이게 되었는데 뜻깊은 경험이었다.

## 데이터 분석과 플랫폼 개발

라우팅 안정화 이후 DNS에 대한 DDoS 공격으로 인터넷이 중단되는, '1·25 대란'이라고 불리는 초유의 사태가 발생하였다. 문제의 원인 분석을 위해 개발 경험을 살려 대량의 DNS 서버로그를 분석했는데, 악성 패킷들이 구분되고 이들의 공격 경로를 확인할 수 있었다. 분석을 통한 작은 인사이트가 DNS 구조 개선에 반영되었던 좋은 경험이었다. 이를 계기로 이때부터 데이터 분석과 개발에 대한 관심을 본격적으로 가지게 되었다.

후속으로 DHCP 서버 분석을 진행하고 본격적으로 프로파일, 인증, 과금 등의 공통플랫폼 업무를 시작하게 되었다. 플랫폼은 철도역에서의 플랫폼처럼 사람을 모이게 하고 거기서 거래 등 다양한 일들이 진행되도록 기반을 제공하는 것인데, 재미있지만 무척 어려운 영역이다. KT에 있으면서 가장 많은 시간과 역량을 쏟아부은 것이 서비스플랫폼으로 사실상 플랫폼 분야를 시작하면서 고생길에 들어섰다고 볼 수 있을 것 같다. 조직은 바뀌어도 플랫폼 관련 업무를 계속 담당하였는데, 플랫폼을 투자하는 관점, 플랫폼을 개발하는 관점, 그리고 플랫폼을 활용하는 입장이 확실히 다르다. 제안/수행본부에 있는 동안 고객의 입장에서 더 많이 보게 된 것 같다.

고생도 많았지만 그래도 기억에 남는 것은 오픈플랫폼 구축 프로젝트에서 프레임웍을 구성하고 공통모듈을 직접 개발했던 경험이다. 전문 개발 회사로부터 KT로 이직한 개발자들과 같은 팀을 이루어 함께 플랫폼 개발을 진행했다. 클라우드 기반 플랫폼 아키텍쳐 설계부터 개발 업무까지 많은 도움을 주었던 그 멤버들에게 항상 고맙고 존경하는 마음이다. 그중 한 멤버는 2019년에 내가 추진했던 코로나19 관련 질병관리청 프로젝트에도 참여하여 핵심 기여를 해 주었다.

## 가슴이 두근거리는 일, 글로벌사업을 하다

네트워크나 플랫폼 구축 작업을 하면서 글로벌부서에서 KT 경험 공유, 컨설팅 등 다양한 지원 요청이 왔었는데, 이에 따라 중국 통신사 브로드밴드 컨설팅, 호주 · 베트남 · 인도에서 우리의 경험을 공유하는 등 적극 지원하였다.

업무상 해외 출장을 가게 되면 현지인들과 많은 대화를 나누게 되는데, 이를 통해 그 나라와 고객을 더 잘 이해할 수 있게 된다. 고객과 소통하는 경험을 통해 기술을 새로운 시선으로 바라보게 되었다.

그러다가 글로벌사업본부로부터 글로벌 IT 사업을 위해 본격적인 합류 요청을 받게 되었다. 머리로는 주저하였지만 뭔가에 대한 갈증과 두근거림으로 마음의 선택은 명확했다.

글로벌에 합류하자마자 르완다 정부 대상의 클라우드 기반 전자조달시스템 구축 사업이 기다리고 있었다. IT기획실에서 클라우드 기반 플랫폼 구축 경험이 있어서 기술적으로는 큰 어려움이 없었지만, 조달시스템 관련 도메인 지식을 습득해서 짧은 시간 내 영어로 제안서를 작성해야 하는 것이 힘들었다.

무엇보다도 르완다 정부 관료를 대상으로 갑작스럽게 영어로 제안 발표를 해야 하는 상황이 가장 부담스러웠다. 그런데 의외로 발표할 때 생각보다 긴장이 되지 않았다. 어차피 내가 원어민이 아니기 때문에 완벽한 언어 구사에 신경 쓰기보다도 전달해야 할 내용에 좀 더 집중할 수 있었다고나 할까? 글로벌의 첫 번째 사업에서 고객과의 소통을 통한 성공 경험을 하게 되었고 내가 가진 갈증이 해소되는 기분이었다.

글로벌사업에서 맨 처음 했던 프로젝트가 전자조달이라면 국내 사업 오기 전 마지막으로 진행했던 IT프로젝트는 인터넷 은행 사업을 위한 신용평정 플랫폼 구축이다. 해외 고객 대상으로 인터넷 은행을 위한 IT 컨설팅으로 시작해서 솔루션 공급까지 성공적으로 완료한 사업이다. 당시 경쟁사가 솔루션 가격을 많이 할인했음에도 수주하게 된 것은 대출자 신용상태를 잘 평가하는 것이 사업 성공의 핵심임을 고객에게 잘 전달한 때문이고 결국 서로 원원할 수 있었다.

5년간 글로벌사업을 진행하면서 잘 진행되었던 사업도 있지만 다양한 이유로 중단되기도 했다. 한국에서는 잘 적용되는 솔루션이 해외에서는 기반 인프라가 준비되지 않아서 진행이 어려운 경우가 많다.

신변 안전도 아주 중요한 요인이다. 터키에서 업무를 마치고 귀국하기 위해 공항 가는 길에 30분 차이로 테러를 피한 적이 있다. 여유 있게 출발했으면 공항에 있을 시간이지만 회의록을 정리하느라 30분 후에 출발하게 되었는데 그사이 공항에서 무자비한 총격 테러로 민간인이 희생되는 일이 발생하였다. 공항 폐쇄로 호텔에 돌아와서 패닉 상태가 되었던 기억은 몇 년이 지나도 잊히지 않는다.

결정적으로는 코로나19가 글로벌사업을 가로막는 요인이 되었다. 해외 출장을 갈 수 없게 되고, 이에 따라 글로벌사업 기회가 대폭 줄어들었다.

## 열정과 열정이 만난 국내 사업

코로나19는 우리에게 너무나 많은 고통을 주었고 변화를 몰고 왔다. 글로벌사업을 하다 보니 국가별로 이러한 위기 상황을 대응하는 방법에서 차이를 볼 수 있었다. 데이터를 수집하고 분석하여 활용하는 역량을 가진 나라와 그러한 역량이 없는 나라 간에는 코로나19 대응뿐 아니라 그에 따른 디지털 전환에서도 많은 차이가 발생하였다. 여러 국가에서 데이타 수집/분석 디지털인프라 구현을 위한 KT 역량에 많은 관심을 보였다.

질병관리청의 코로나19 정보관리시스템도 KT의 이러한 역량으로 구현된 중요한 사례이다. 2020년 초 코로나 1차 유행으로 질병관리청의 감염병 정보관리시스템으로 폭발적인 트래픽이 유입되었다. 겨울로 예상되는 2차 대유행 대비를 위해 확장성과 보안성 있는 정부 클라우드로의 이전이 필수적이었다.

짧은 기간 내에 클라우드에 맞는 솔루션으로 변경하고 이전을 하는 수행 난이도가 높은 사업이었지만 도전했다. IT기획실에서 플랫폼 구축을 같이했던 멤버와 함께 추석 연휴도 없이 제안 작업에 매달렸다. 수주하자마자 어마어마한 트래픽이 몰려들어서 전환 작업은 긴장의 연속이었다. 한동안 오송에서 지내면서 24시간 내내 모니터링하며 작업한 결과 성공적으로 완료하게 되었다. 다시 돌아보아도 무척이나 떨리고 긴장되는 일이었다. 같이 고생한 멤버들에게 다시금 고마움을 표현하고 싶다.

코로나19를 잘 대응하기 위해서 주말 없이 고생하시는 질병관리청 담당자분들을 보면서 많은 것을 느꼈고, 나도 거기에 아주 조금이나마 기여할 수 있어서 영광이라고 생각한다.

이와 같이 최근 자율주행사업, 로봇, AI/빅데이터 등 첨단기술이 적용되는 사업을 수주하면서 디지털 전환에 기여할 수 있어서 자부심이 생긴다. 나 스스로가 열정이 많은 사람이라고 생각했었는데, 나보다 더 열정적인 분들과 소통하며 그 열정이 배가되는 경험을 하고 있다. 아무리 어려운 상황이어도 열정과 열정이 만나면 실패는 불가능하다는 것을 확신하게 되었다. 직접 제안 발표도 하면서, 결국 경쟁사를 누르고 수주한 로봇 실증사업도 열정들이 만난 결과이다.

요즘에는 고객이 원하는 것을 잘 수용하고 지속적으로 발전시킬 수 있도록 플랫폼 기반 제안/수행에 많은 고민을 하고 있다.

## 새로운 두근거림과의 만남을 기대하며

돌아보니 다양한 분야에서 도전을 하면서 열정을 불태웠던 것 같다. 도전할 때의 두근거림, 대체 그게 뭐라고 이렇게 고생했나 하는 생각이 문득 들 때도 있다. 그런 열정으로 한 분야를 계속했으면 더 좋지 않았을까 하는 이야기도 가끔 듣는다. 맞는 이야기일 수 있다. 한편으로는 도전을 하게 될 때는 뭔가 갈증이 있었고 그 갈증을 해소하면서 시야도 넓히는 경험을 하게 되는 것 같다. 정답은 없는 것 같다.

요즘 내가 관심을 가지고 있는 것은 여러가지이다.

플랫폼 기반으로 온·오프라인상의 공간의 안전과 가치를 높이는 일에 관심이 많다. 앞에서 많은 노력과 고생을 한 플랫폼에 대해 이야기했는데, 플랫폼 기반 비즈니스는 꼭 성공하고픈 영역이다.

취미로는 실생활과 연결되는 재미있는 프로그래밍 개발을 조금씩 하고 있다. 머리가 복잡할 때 스트레스를 해소시키고 생각을 유연하게 만들면서 기술에 대한 장벽을 낮춘다.

그리고 항상 서로 싸우는 집안의 두 남자에 관심이 많다. 남편과 아들은 내가 금지한 것-게임이나 라면 먹기-들을 할 때만 의기투합하고 대부분은 화성에서 온 외계인과 금성에서 온 외계인처럼 서로 딴 이야기를 하고 다툰다. 두 남자의 소통 방식이 잘 이해되지 않을 때가 많지만, 둘은 내가 하는 일을 적극 지지하면서 항상 뭉클하게 한다.

또한 노래를 들을 때마다 진정성과 뭉클함을 느끼게 하는 방탄

소년단 멤버 진에 관심이 많다. 어렸을 때부터 노래에 소질이 있어서 가수의 꿈을 키워 온 사람이라고 생각했는데 20살이 넘어 노래를 시작해서 끊임없는 노력으로 현재의 목소리를 만들었다는 이야기를 듣고 깜짝 놀랐다. 진은 팬과 진정성 있는 소통을 한다. '나의 속도에 맞게 한 걸음 한 걸음 나아간다'라는 그의 이야기가 와 닿는다.

무엇이 두근거리게 하는지 생각해 본다. 이쪽 분야 일은 항상 기술이 바뀌어서 계속 공부를 해 나가야 하는 것이 부담스럽고 지칠 때도 많다. 예전 경험 기반으로 이야기하는 순간 '라떼'를 이야기하는 '꼰대'가 될 수도 있다. 그렇기 때문에 이 분야의 진정한 매력은 지식이나 기술 자체가 아니라 소통을 통한 변화인 것 같다. 소통의 힘이 기술 발전에 따르는 피로감과 매너리즘으로부터 두근거림과 위안을 준다.

제안/수행을 하면서 본격적으로 고객과 만나고 소통하며 매번 새로운 두근거림과 만나고 있다. 고객의 생각을 이해하며 눈높이에 맞추는 작업을 하고, 열정적이고 훌륭한 팀원들을 만나서 그 열정을 다시금 배워 가면서 지금도 계속 도전하는 하루하루를 보내고 있다.

나의 소망은 두근거리게 하는 일을 하면서 끊임없이 도전하는 것이다. 그것이 무슨 일이 될지는 계속 고민하면서, 나이가 들더라도 소통할 수 있는 마음과 열정은 젊게 유지하면서 살고 싶다.

# 수많은 Start를 통해
# 더 큰 꿈을 꾸는 Start-Up이 되기까지

전혜진

㈜이지태스크 CEO/Founder

홍익대학교 금속재료공학과를 졸업하고 취업이 아닌 창업의 길을 선택했다. 창업을 더 잘 해내고자 중앙대학교 창업학 석사, 박사 학위를 취득하고 한양대학교대학원 창업융합학과 겸임교수로도 활동하였다. 지금은 ㈜이지태스크의 설립자이자 CEO로 사업에 전념을 다하며 대중이 참여하는 일의 미래를 앞당기고 있다.

# 성적 맞춰 들어간 학교는 내 옷이 아니야!

라떼를 이야기할 것도 없이 여전히 많은 사람들의 학교 선택의 기준은 자신의 성적일 것이다. 중·고등학교 때 수학, 과학을 즐겼다는 이야기를 하면 다들 다른 것도 당연히 잘했을 것이라고 생각한다.

하지만 암기 과목은 아예 찍어서 시험을 볼 정도로 준비를 하지 않았고, 대학 입시가 객관식 수능이었기 때문에 그나마 진학이 가능했었지 싶다.

하루라도 빨리 시험에서 벗어나기 위해 수능으로 갈 수 있는 대학 중에서 선택을 하게 되었고, 그렇게 나의 홍대 금속재료공학과로의 진학은 시작되었다. 그리고 학과 소개를 할 때마다, 사람들은 자신이 알고 있는 상식적인 범위로 나를 재정의했다. '아, 홍대 미대시군요.' 물어본 적은 없지만, 금속공예과로 인지했던 것 같다.

몇 안 되는 공대 여자로, 다른 관심사와 취미를 가진 사람들 사이에서 내 삶은 일반적인 삶의 범주에서 벗어나기 시작했다. 그렇게 다른 사람들 사이에서 나만의 탈출구를 찾아 여행을 다니기 시작했다.

여행을 가면 기본적으로 다름을 인정하는 사람들, 그리고 그 다름을 궁금해하는 사람들을 만나 여행이라는 공통 관심사 안에서 잠시라도 공감대 형성이 가능했기 때문일지 모르겠다.

## 여행에서 얻은 인사이트, 돈 버는 촉 발동!

나의 여행은 '누구랑?'이 아닌 '어디로?'에 가까운 여행이었다. 매번 다른 장소로 다른 스타일의 여행을 꿈꿨으며, 다양한 사람들을 만나는 것에 두려움이 없었다. 그리고 그렇게 여행을 하며 어른(?)들과 이야기를 나누는 것은 나름 학생들만 있는 우물을 벗어나 나의 호기심을 더 크게 자극했다. 그리고 그런 호기심이 나의 새로운 도전을 이끌어 냈다.

첫 사업은 여행에서 만난 한 분이 이베이(E-bay)에서 중고 명품 시계를 싸게 샀다고 자랑을 한 데서 시작되었다. 그 이야기를 듣는 많은 사람들이 싸게 살 수 있음을 부러워했지만, 시도도 하지 않거나 사이트를 대충 둘러보고는 '영어가 부담스럽다', '페이팔이 복잡하다'는 이유 등으로 중도 포기를 했다. 거기에서 나는 '대신 사 주면 되겠는걸?'이라는 비즈니스 기회를 포착했다.

지금은 해외 구매대행이라는 단어가 익숙하지만, 그 당시 인터넷 실태 조사는 월 1회 이상 인터넷 사용자 숫자를 세어 통계를 낼 정도로 사용에 한계가 존재했다. 그 틈새를 잡아 이베이(E-bay)에서 시계를 사서 옥션(Aution)에 파는 사업을 진행하였고, 나의 공대 머리는 사업을 위한 돈 계산에, 인터넷 시스템 로직을 이해하는 데 활용되었다. 하지만 내가 해결할 수 없는 문제에 봉착했다. 가품과 진품을 알아보는 재주가 나에게는 없었다. 어린 마음에 '혹시나 내가 사기꾼이 되면 어쩌지?'라는 생각을 하며 첫 번째 사업은 적당한 교훈과 약간의 사업 자금을 준비하고는 끝이 났다.

그다음 두 번째 사업은 국민소득 2만 불 시대가 되면 애완동물

산업이 뜬다는 이야기를 주워들으며 시작되었다. 사실 그 애완동물의 분야가 얼마나 넓은지 알지 못했던 나는, 해외여행 시 고양이를 많이 보았는데 한국에는 별로 없다는 생각에 고양이를 수입/분양하기로 결심했다. 그러고는 가 본 적도 없고 고양이가 유명하다는 것만 알고 있는 일본 쪽 캐터리(전문적인 브리더가 본인의 고양이를 중간 유통 과정 없이 직접 분양하는 곳)에 이메일로 콘택트를 시도했다.

정말 모든 캐터리에 메일을 보냈는데 딱 한 곳에서 답변이 왔다. (나중에야 알게 되었는데, 나는 영어로 메일을 썼고, 일본에서 영어를 하는 사람은 거의 없었기 때문에 그 한 명이 답변을 한 것도 놀라운 것이었다.) 그렇게 이메일로 수입을 진행하게 되었고 통관절차 등을 알아보고는 일본으로 출장 가는 사람을 수소문하여 일본에서 비행기에 태워 주도록 하고, 나는 공항에 나가서 아이들을 받아 분양 사업을 시작하게 되었다. 일본에 가지도 않고 또 그렇게 겁도 없이 사업을 하던 중 생각지 않은 문제가 발생했다.

'아, 재고가 자란다.' 생각도 하지 못했던 문제다. 아이들의 병원비 · 밥값은 늘어나는데 나는 준비가 되어 있지 않았다. 지금은 어릴 때 분양비를 높이고 시간이 지나면 낮추어야 한다는 개념이 너무 당연하게 있지만, 그때는 몰랐다. 생명을 이러지도 저러지도 못하던, 역시나 어렸던 나는 아이들을 좋은 집으로 무료 분양 보내고 사업을 접었다. 그래도 공대 머리로 계산기는 잘 두들겨, 수익을 남겼다.

배운 건 도둑질, 이미 취업 시장에 관심을 놓아 버린 상황에서, 그때도 없던 취업에 관심이 생길 리 만무했다. 세상 호기심에 간 프랜차이즈 박람회에서 덜컥 계약을 하고 음식점을 시작하면서,

계획 없는 인생은 또다시 창업의 길로 나를 이끌었다. 프랜차이즈 본사도 나와 같은 생 초짜임을 모른 채, 새로 생긴 상가의 화려함에 겁 없이 계약을 했고 나락으로 빠져들었다. 유동인구를 고려하지 못했고, 옆에 몇 개 없는 가게 사장님들은 장사가 안 되는 것은 상권 탓을 하면서 서로서로 위로를 하며 별다른 시도를 하지 않고 하루하루를 버티고 있었다.

가만히 버티는 것이 더 힘들었던 나는 새벽 출근길 사람부터 시작해서 점심 직전까지 전단지를 뿌리고, 점심 장사 1회전을 마친 후 아파트 단지 우편함에 전단지를 뿌리고, 저녁 장사 후에는 블로그 작업을 했다. 멀어도 주요 상권이 아니어도 찾아올 것이라는 기대를 놓지 않았고, 빈 상가여서 유동인구가 없지만 주차장이 넘쳐난다는 점을 내세워 '주차장 완비'로 고객을 끌어들였다. 그런 노력은 3년 뒤에도 여전히 반 이상 비어 있는 상가였음에도 권리금을 받고 나오는 결과를 만들었다.

## 연쇄 창업가의 길로 들어설 줄이야

그 후로도 몇 가지 사업을 더 하게 된 나는 5인 이하 기업에서 벗어나는 법, 대표자가 직접 일하지 않아도 되는 시스템을 만드는 법을 알고 싶었다. 배움에 목이 마른 나는 '창업학'이라는 전공이 있음을 알게 되었고, 석사 진학을 하게 되었다. 그리고 하다 보니 박사까지 마치게 되며, 강의를 하고 교재를 만들며, 논문을 쓰고 창업 멘토링/컨설팅까지 다양한 영역을 직간접적으로 학습할 수 있었다. 나의 창업 경험이 기반이 되어 빠른 간접 학습이 가능했고, 이제껏 공대 머리로 시장을 계산해 왔다면 창업학을 전공하면서부터는 이해관계자들의 니즈를 파악 할 수 있었고 단순히 돈으로 계산되지 않는 부분을 찾아낼 수 있게 되었다.

창업을 제대로 하고자 들어갔던 석사 과정을 박사 과정까지 하게되면서, 7년이란 세월을 창업을 하고 싶은 욕구를 눌러야 했다. 사실 박사가 5년을 걸릴 줄 알았으면 시작도 하지 않았을 텐데, 시작을 했으니 끝을 봐야 한다는 생각이 강했기 때문인 것도 있다. 그렇게 돌아 돌아, 생태계의 다양한 니즈를 모은 스케일업 가능한 스타트업인 이지태스크를 2021년 12월 4일 시작하게 되었다.

이지태스크는 나의 삶의 애로 사항이 집약된 서비스이다. 사업을 하며 사람을 구하기 힘들었던 경험, 석·박사를 하며 인건비가 올라감에도 불구하고 최저임금의 일을 포함해서 해야 했던 경험들을 녹여 낸 사업이다. 중요하지 않은 일, 내가 하지 않아도 되는 일까지 마땅히 맡길 곳이 없어 다 하게 되면서 여유 시간이 없어졌을 뿐만 아니라, 몸이 아파 오기 시작했다.

일을 재미있게 하려면 하기 싫은 일, 군더더기 잡일을 덜어 내는 것이 중요했기 때문에 이런 일을 도와줄 사람이 늘 필요했다. 하지만 한두 시간 잠시 도움을 줄 사람을 찾기에는 기존 구인구직 시장은 너무 절차가 복잡했다. 구인공고를 올리거나 일일이 프로필을 탐색하여 연락을 해야 하며, 최종 연결이 되기까지 걸릴 시간이면 그냥 내가 하고 마는 게 나았다.

이런 문제를 해결하고자 이지태스크를 만들었다. 일하는 사람도 일을 주는 사람도 모두가 편안하게 소통하여 일의 스트레스에서 빠르게 벗어날 수 있는 시스템을 만들기로 한 것이다.


## 이지태스크! 일의 미래를 바꾸다


처음에 홈페이지도 없이 고객이 연락할 수 있는 카카오톡 채널을 오픈하고는 주변 사람들에게 회사 설립을 알렸다. 창업학 박사가 세운 회사인데 회원 가입도 안 되는 카카오 채널이라니…. 다들 '뭔가?' 싶어 했지만 2달 만에 홈페이지를 개설하고 사회적기업가 육성사업과 성남창업경연대회 등에 선정되며 박차를 가할 수 있었다.

아이디어를 현실로 만들기 위해 여기저기 만나는 사람마다 조언을 구했으며, 좋은 팀원을 구하기 위해 같이 성장을 꿈꾸고 싶은 사람들을 만날 때마다 함께하자고 졸랐다. 나의 꿈이 그들의 마음에 닿기 시작했고, 하나둘 함께하는 사람들이 늘어나 사업을 시작한 지 1년 반 만에 17명의 팀원들이 모여 이지태스크를 단단하게 만들어 주고 있다.

그리고 내부 팀원들 못지않게 중요한 우리의 시간제 근로자들도 벌써 8천 명이 넘었다. 플랫폼 사업인 만큼 일을 주는 사람과 일을 하는 사람의 밸런스가 중요했고, 비용을 지불하는 일을 맡기는 사람이 필요할 때 일할 수 있는 사람이 넉넉해야 했다. 일하시는 분을 모으기 위해, 수시로 공모전을 열고 없는 일도 만들어서 드리기도 하면서 시장 반응을 보고 시스템을 구체화시켜 나갔다.

현재 이지태스크의 서비스는 업무 요청을 하면 그 업무가 가능할 것으로 예상되는 시간제 근로자에게 메시지가 전송되고, 그 메시지를 보고 수락한 사람이 집이나 카페 등에서 컴퓨터를 켜고 일을 하기 시작한다. 이제 더 이상 일이 밀리거나 시간에 쫓길 이유가 없다.

처음 "당신의 시간제 직원, 이지태스크"를 만들었을 때 모두들 기존 인력시장처럼 사람이 직접 연락을 하는 구조라고 생각했지만, 이제는 시범 운영을 통해 학습된 업무와 관련된 프로세스, 업무 의뢰 및 매칭 관련 데이터를 기반으로, 기술창업지원사업 팁스에 선정되어 기술력을 높이고 있다.

프로그래밍을 잘 알지 못해도 논리적인 시스템을 만들어 구조화하는 것이 그렇게 어렵지 않은 이유에 공학 전공자였음을 부인할 수는 없을 것이다.

이지태스크는 일로 지친 사람의 일을 덜어 주고, 일을 하고자 하는 사람의 일 경험을 늘려 주어 일자리 미스매칭 문제를 해결하며 선순환을 이끌고 있다. 이지태스크와 함께라면 팀원이 적어 서로 도와 달라고 말도 못하고 눈치 보는 상황도 없어지고, 야근에 시달리지 않아도 된다. 회사에서의 업무뿐만 아니라 아들, 딸이나 친구에게 부탁했던 다양한 일들도 이지태스크에서는 가능하다.

전 국민 협업플랫폼으로, 일의 미래를 선도하는 여성 공학인이 될 것이다. 오늘도 파이팅!

# 어떤 바람에도 흔들리지 않는
# 뿌리 깊은 나무가 되자

차주영

포스코 생산기술전략실 선강생산기술그룹 리더

포스코에 2006년 입사 이후 철광석을 녹여 쇳물을 만드는 고로(용광로) 공장의 여성 엔지니어로 근무하였고, 원료 관련 사내전문가(PCP: POSCO Certified Professionals)로서 활동하였으며, 혁신 지원 및 원가 절감 프로젝트를 다수 수행한 경험을 바탕으로, 현재는 포스코 본사 생산기술전략실 선강생산기술그룹의 제선 부문 생산과 기술전략을 담당하는 리더로서 일하고 있습니다.

# 오늘 내가 걸어가는 발자국

踏雪野中去(답설야중거) 눈 덮인 길 가운데를 걸어갈 때는
不須胡亂行(불수호란행) 함부로 걷지 마라
今日我行跡(금일아행적) 오늘 내가 걸어가는 발자국은
遂作後人程(수작후인정) 뒤에 따라오는 사람의 길이 되리니


위 글은 서산대사가 지은 선시(禪詩: 궁극의 깨달음을 추구하는 불교시)
로 백범 김구 선생님도 좌우명으로 애송하고 글씨로도 써서 남겼
던 유명한 어록(語錄)입니다. 저는 여성 엔지니어 후배님들이 저에
게 직장 생활에 대한 조언을 구할 때 위의 글을 자주 인용하곤 합
니다. 제조업, 더군다나 철강업에서 여성 엔지니어를 찾아보기가
어려운 만큼, 본인이 걸어가는 발자국이 후배 엔지니어들에게는
이정표로서 중요한 역할을 할 것이라는 사실에 대해, "우리가 책
임감을 가져 보자."는 제언(提言)을 이 글과 함께 가장 먼저 하고 싶
었습니다.

제가 근무하고 있는 포스코는 제철보국의 신념으로 대한민국 근
대화의 견인차 역할을 수행한 지 54년이 되었습니다. 대한민국의
학생들이라면 수학여행이나 현장 체험학습으로 한 번쯤은 방문하
였을 장소이고, 어르신들에게는 포스코보다는 포철(포항제철), 종
철(종합제철)이라는 이름이 더 익숙한 대한민국을 대표하는 회사입
니다.

저는 포스코에 입사한 지 16년차로 철광석을 녹여 쇳물을 만드
는 고로(용광로) 공장의 여성 엔지니어로도 근무하였고, 원료 관련

사내전문가(PCP: POSCO Certified Professionals)로서도 활동하였으며, 혁신 지원 및 원가 절감 프로젝트를 수행한 경험을 바탕으로 현재는 포스코 본사의 제선 부문 생산과 기술전략을 담당하는 리더로서 일하고 있습니다.

포스코뿐만 아니라 많은 제조업 현장에서 그렇듯이 5%도 안 되는 여성 인력 중에 여성 중간관리자가 많지 않은 게 사실입니다. 제가 직장 생활을 하면서 놓쳤던 부분들, 그리고 주위에서 저를 격려해 주시면서 조언해 주신 말씀들을 바탕으로 제가 들려드리는 이야기가 여성 엔지니어 후배님들에게 작은 이정표 역할을 할 수 있었으면 하는 바람입니다.

## 엔지니어, 리더, 그리고 차이

엔지니어에게는 전문 지식에 대한 학습과 현장에 대한 이해도 중요하지만, 그보다 강조하고 싶은 건 자신이 성과를 내려 하는 것보다 타인이 성과를 내도록 힘을 북돋아 주는 능력도 중요하고, 자신보다 뛰어난 전문성을 가진 이들에게서 최선의 결과를 이끌어 내는 능력 또한 중요하다는 점입니다. 이를 위해서는 경청하는 자세, 남에게서 배우겠다는 자세가 필수라고 생각합니다.

엔지니어뿐만 아니라 리더로 성장한 이후에는 카리스마 있는 칭기즈칸, 나폴레옹, 이순신 리더십(leadership)도 때론 필요하고, 솔선수범을 통해 구성원이 자발적으로 동참하도록 하는 펠트 리더십(felt leadership)도 필요합니다. 직원들을 하늘처럼 모실 줄도 아는 서

번트 리더십(servant leadership)도 발휘할 줄 알아야 하며, 모두가 융화해서 업무가 잘 추진되도록 코디네이터(coordinator)의 역할 또한 필요하게 됩니다.

그뿐만 아니라, 와인과 함께하는 자리에선 격식에 맞춰 매너와 품위를 잃지 말되, 막걸리를 마시는 자리에선 벌컥벌컥 흘리며 마실 줄 알며, 상황에 따라 카멜레온과 같이 주변 사람과 잘 어울릴 줄 아는 여유, 재치가 있었으면 합니다. 결국 사람 사는 게 크게 다를 바 없습니다만, 그 순간순간에 어떤 생각을 가지고 임하며, 감사해하느냐가 다른 사람과 여러분의 차이를 만들게 될 것이라고 생각합니다.

## 적극적인 커뮤니케이션 스킬

여성 엔지니어 후배들에게 꼭 해 주고 싶은 이야기 중 하나가, 바로 커뮤니케이션과 관련된 내용입니다. 저도 마찬가지입니다만, 본인이 생각하는 것을 조리 있게 잘 전달하고 표현하는 것도 큰 능력입니다.

평소 글을 많이 써 보고, 각 문장마다 스토리, 실화, 예시를 담아 보는 연습을 하는 것도 좋습니다. 실무자, 리더로서의 생각, 가치관과 전략을 사례를 들어 가면서 풀어 써 보는 것도 좋은 방법입니다.

여러분이 일을 하면서 마주하는 단어와 뉴스, 여러분이 지금 쓰는 말, 단어, 표현이 여러분의 직업을 얘기하는 것처럼, 하고 싶은 일을 찾으려 노력할 때도 여러분이 어떤 말, 단어, 표현을 자주 사용하고 좋아하는지를, 무엇을 좋아하는지를 먼저 잘 생각해 보고 평소 훈련을 해 둘 필요가 있습니다. 그리고 이를 바탕으로 자신의 감정과 권리를 자신 있게 표현하는 것, 그것이 바로 "적극적인 커뮤니케이션"입니다.

## 망원경과 현미경

나를 기준으로, 주변 사람들은 공(功)과 과(過)를 두고 과(過)에 더 많은 관심을 가지고, 과(過)를 더 부각시키려 할 수도 있습니다. 개개인의 자존감 또는 심리적 영향일 수도 있지만, 세상 사는 이치가 그리하다는 것을 받아들일 줄 알되, 부당한 것에는 당당히 맞설 줄도 알아야 되겠습니다.

평소엔 상식에 따라 일하고, 위기일 때는 원칙에 따르고, 상처를 내기는 쉽지만 아무는 데에는 오랜 시간이 걸리니 나 자신과 남에게 쉽게 흠집 내지 말고, 다양한 사람들이 사는 세상이니, 이해하기 힘든 경우가 생기더라도 때론 그냥 이해하라는 이야기입니다.

혹시라도 지금 어렵고 힘든 시기에 있다면 담담하게 잘 견디고 버티시기 바랍니다. 주변과 아랫사람도 여러분의 모습을 보고 있지만, 윗사람도 지켜보고 있다는 걸을 잊어서는 안 됩니다. 회사 일이나 삶에 있어서 운이 잘 따르기를 바라야 하지만, 그만큼 정답이 없다는 말이니 너무 괘념치는 마십시오. 그리고 내 가치관으로 다른 사람, 세상을 함부로 재단(裁斷)하지 말았으면 합니다.

결국 현명한 사람이 되려면 어떠한 일들이 사리(事理)에 맞는지 묻고 조심스럽게 들으며 진실을 말해야 합니다. 나는 현미경으로 보고, 남은 망원경으로 보는 것. 현미경으로 자세히 들여다볼 것은 자신뿐입니다. 세상은 망원경으로 보면 됩니다. 나 자신에게는 철저하게 하되 세상에는 조금 관대하라는 의미입니다.

## 일과 삶의 밸런스(Balance)

순간순간, 하루하루 감탄하며 살았으면 합니다. 좋은 노래를 듣거나 노래가 잘 불러질 때 감탄하고, 좋은 글을 읽거나 써졌을 때 감탄하고, 새로운 것을 배워서 깨달았을 때 감탄했으면 합니다. 몸과 마음이 모두 건강해지는 가장 좋은 비결, 약 중의 약입니다.

바쁘게, 그리고 열심히 살더라도, 가끔은 혼자만의 시간, 특히 사색의 시간을 가지려 노력했으면 합니다. 음악은 사랑할 가치가 충분히 있는 것이니, 어떤 장르이든 음악을 항상 곁에 두고, 악기 하나쯤은 다룰 줄 알았으면 좋겠습니다. 너무 바쁘고 정신이 없을 때 오히려 맥주 한 잔을 하는 것은 잠시 쉬어 가야 할 때라는 방증(傍證)일 수도 있습니다.

인생은 마라톤입니다. 더군다나 여성 엔지니어들은 엄마, 아내, 상사, 부하 직원의 역할과 함께 한 사회의 구성원으로서 요구되는 역할이 많습니다. 하지만 혼자서 그 모든 역할을 완벽하게 수행할 수 없기에 주변에 조력자가 필요합니다.

사람에는 두 가지 종류가 있습니다. 첫 번째는 포스트잇, 필요할 때 붙었다가 쉽게 떨어져 나가는 사람, 두 번째는 딱풀, 그 사람 하나 보고 끝까지 믿었는데 잠깐의 손해가 나더라도 끝까지 우직하게 곁에 남아 있는 사람. 저는 여러분들이 바로 "딱풀" 같은 사람이 되었으면 합니다.

그리고 묻고 싶습니다. 지금 여러분의 곁에는 딱풀과 같은 사람이 얼마나 있습니까? 저는 저의 직장 생활에 있어서 큰 인사이트(insight)를 주신 어느 선배님께서 보내 주신 "reference of life"라는 글로 이 글을 갈음하고자 합니다.

밝게 웃는 모습이 아름다운 사람이 되려 하되,

웃음이 헤픈 사람이라는 오해를 받지 않도록 하고,

물질적으로 가진 것이 넉넉하지 않을 수는 있되,

그렇다고 생각과 꿈까지 작은 사람은 되지 말 것이며,

다른 사람이 소중하다는 것을 알되,

그렇다고 내 자신을 소홀히 하지 말 것이며,

열정을 가지고 순간순간에 최선을 다하되,

잘못된 유혹과 영욕에 빠지는 그릇된 짓을 하지 말 것이며,

미래에 대한 고민과 두려움은 가지되,

너무 걱정을 많이 하지 않도록 하며,

힘든 시간이 다가왔을 때 마음껏 힘들어하되,

그 이후에는 좋은 일만 가득할 것임을 잊지 말고,

과유불급(過猶不及)이니 그 정도를 잘 따지며,

말 한마디 한마디에도 신중을 기하되,

그렇다고 조리 있게 말하지 못하는 우(愚)는 범하지 말며,

인생은 어차피 혼자다라는 생각이 들 때도 있되,

그때마다 가족은 그래도 항상 곁에 있음을 잊지 말며,

한 대 맞으면 한 대 때릴 줄도 알되,

그렇다고 폭력을 행사하는 사람은 되지 말 것이며,

더 높은 곳을 바라보고 올라가기 위해 노력하되,

나보다 아래에 있는 것들을 뒤돌아볼 줄 알며,

왜 나에게만 이런 일이, 왜 안 좋은 일들만 벌어질까 싶을 때,

다른 이들에게도 시기만 다를 뿐 똑같이 그럼을 잊지 말 것이며,

지식을 함양하는 데 노력을 기울이되,

습득한 만큼 겸손하게 고개를 숙일 줄 알며,

혁신은 좇되, 클래식과 고전의 위대함을 잊지 말며,

'Simple is the best'라는 사고방식도 갖되,

악마는 디테일에 있음을 잊지 말며,

잘못된 것에 대해 비판하고 불만을 토로하되,

건설적인 비판가가 되도록 노력하며,

변화는 있되, 변함은 없는 사람이 되려 노력하고,

이 세상에 한번 태어나서 살고 떠날 때

이 세상에 작은 흔적이라도 남길 수 있는 사람이 되도록 노력하며,

지식보다는 큰 틀의 지혜와 혜안을 가질 수 있도록 더 고민하며,

사회에서 큰 위치는 아니지만 조직체계상 위로 올라가면 갈수록

더 아래로 아래로 내려간다는 마음가짐으로 일과 사람들을 대하며,

평생 내 주변에 배워야 할 것이 있기에 펜을 놓을 때까지

모든 것에 대해 공부를 소홀히 하지 말며,

내가 얻은 혜안들이 모두 정답이 아니라는 사실을 항상 가르치며,

인생이란 것이 사는 즐거움으로 가득하지만

희로애락이 공존하는 시간들이기에

어떤 바람에도 흔들리지 않는 뿌리 깊은 나무가 되자.


감사합니다.


2022년 어느 가을날,

후배님들의 마음속에 작은 파도가 일기를 바라며

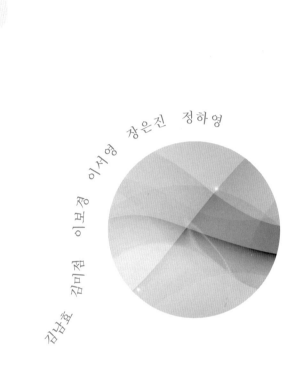

김남훈 김미점 이보경 이서영 장은진 정하영

*Part 3*

경험 ::

더 큰 세상을 향한 도전

# 도전, 그리고
# 새로운 시작

김남효
부산산업과학혁신원 선임연구원

한성과학고등학교를 조기 졸업하고 포항공과대학교 화학공학과에서 학사,
석사, 박사 학위를 취득하였다. 이후 제일모직(삼성 SDI로 합병) 중앙연구
소 및 분리막 사업부에서 책임연구원으로 리튬이온전지에 대한 연구를 약 3
년 6개월간 수행했다. 5년간의 공백을 거쳐 에너지신산업 혁신공유대학 부산
대학교 사업단에서 박사 후 연구원으로 8개월간 근무했으며, 현재 부산산업
과학혁신원(BISTEP) 정책연구본부 과학기술정책팀에서 선임연구원으로 재
직 중이다.

# 연구자의 길로 접어든다

처음 수학, 과학의 매력을 느꼈던 건, 초등학교 3학년 무렵이었다. 수학 올림피아드 반에서 클럽 액티비티 활동을 하면서, 쉽게 풀리지 않는 문제를 다양한 방식으로 접근해 보고 마침내 해결했을 때의 희열이 좋았다. 이후 수학과 과학을 많이 접하게 되면서 자연스럽게 이공계로 진로를 정하였고, 화학공학과에 진학하게 되었다.

대학을 졸업하기 전 학부 연구 참여 프로그램을 수행하면서, 처음으로 연구라는 걸 접하게 되었다. 관심 있는 주제에 대해 가설을 세우고, 실험과 분석을 수행하고, 그 결과를 정리하고, 결론을 도출해 내는 과정이 재미있었다.

특히, 그 과정이 '논리적인 사고와 전개'를 통해 이루어진다는 것이 흥미로웠다. 이후 학부를 졸업하고 석사 과정으로 대학원에 진학하였다.

석사 과정에서는 다양한 실험과 분석 방법에 대해 배울 수 있었으며, 좀 더 전문성을 가지고 깊이 있는 연구를 해 보고 싶다는 생각에 박사 과정에 진학하였다.

박사 과정은 보다 많은 시간과 노력을 요구했지만, 스스로 연구를 수행하면서 문제를 해결하는 법을 익힐 수 있는 값진 시간이었다. 학위 과정을 마치고 좀 더 실질적인 연구를 수행하기 위해 기업의 R&D 연구소에 입사하였다.

## 사회생활의 시작

흔히 대학원이 작은 사회생활을 경험하는 단계라고 하지만, 실제 사회생활은 그것과 많은 차이가 있었다.

연구의 스케일 측면에서, 작은 아이디어를 적용하여 연구 결과를 도출하는 학교에서의 연구와는 달리, 기업에서는 보다 뚜렷하고 명확한 목표를 달성하기 위한 연구를 수행한다. 연구실 규모에서 기초적인 성능을 확인하고, 그 규모를 키웠을 때 생기는 변수들을 제어하는 스케일 업 단계를 거쳐, 공장에서 생산 가능한 규모의 장비로 실제 제품을 만들어 보고 품질을 향상시키는 단계를 통해 제품이 개발된다.

또한 학교에서는 개인이 하나의 연구를 책임지고 완성한다면, 기업은 더 큰 목표를 달성하기 위해 같은 일을 하는 팀원에서부터 부서의 다른 팀, 생산, 품질관리 부서까지, 다양한 전문성을 보유한 사람들과 함께 일한다.

많은 일들이 정신없이 바쁘게 진행되었지만 일을 배워 가는 과정이 즐거웠다. 하지만 시간이 지날수록 여성으로서, 그리고 젊은 나이의 경력 입사자로서 현실의 벽을 마주하게 되었다.

나는 비교적 일찍 박사 학위를 받고 경력직으로 입사한 케이스로, 다른 직원들에 비해 상대적으로 어린 나이에 중간 관리직을 맡게 되었다. 부서 내에는 나보다 직급이 낮지만 나이와 해당 업무에 대한 경력이 많은 직원들이 여러 분 계셨고, 아직 회사 업무 환경에 익숙지 않은 내가 이들의 업무를 관리하고 조율하는 데 있어 어려움이 있었다. 심지어 직급이 같아도 경험의 차이로 인해,

또는 나이 차이로 인해 동등한 입장에서 일을 수행하기가 쉽지 않았다.

한창 업무가 바쁜 상황에서 다 같이 야근을 해야 하는 상황이 지속되었다. 당시 나는 결혼 전이었고 내 몸 하나 건사하면 되었지만, 맞벌이에 자녀가 있는 여성 직원들에게 잦은 야근은 큰 부담이 되었다.

그러나 당시 부서의 분위기는 이러한 상황을 이해해 주지 못하였고, 그로 인해 업무상 불이익이 따라왔다. 같은 여성의 입장에서 그러한 상황이 참으로 안타까웠다.

일 못지않게 가정을 꾸리고 아이를 키우는 것에 중요한 가치를 두었던 나는, 이 일을 계속하는 것이 옳은지에 대한 고민을 하게 되었다. 여러 상황이 겹치고 회사 생활에 대한 스트레스가 심해지면서 잠시 휴식기를 가지고 싶었고, 결혼 후 남편이 유학을 가게 되면서 퇴사를 하고 미국으로 건너갔다.

## 새로운 길을 찾아서

사회생활의 복잡한 인간관계에 속에서 피로감을 느꼈던 나는 당분간 휴식을 취하면서 미래에 대해 생각했다. 쉼 없이 앞만 보고 달려가다가 처음으로 가던 길을 멈추고 뒤를 돌아보는 시간이었다. '지금까지 걸어온 이 길이 내가 하고 싶은 일, 잘할 수 있는 일일까? 내가 정말 하고 싶은 일은 무엇이며, 그 일을 하기 위해 내가 지금 할 수 있는 건 무엇일까?' 사춘기도 없었던 내가 30대 초반에 들어서서 이런 고민이라니….

그러던 차에 우리 부부에게 아이가 찾아왔다. 타지에서 오롯이 남편과 둘이서 출산과 육아를 해 나가야 했고, 다른 일을 생각할 여유가 없었기에, 당분간 나의 미래에 대한 고민은 접어 두기로 했다.

아이가 조금씩 커 가면서 공백의 시간이 점점 길어졌고, 마음은 조급해졌다. 아이가 두 돌이 될 무렵, 남편이 한국에 직장을 잡고 귀국을 하게 되면서 본격적으로 나의 미래에 대해 고민하기 시작했다. 늦은 나이에 결혼을 하고 아이를 키우면서, 다시 일을 시작하는 데엔 여러 제약이 있었다. 새로운 일에 도전하기 위해 준비할 시간이 필요했고, 그런 시간을 마련하기 위해선 누군가의 도움과 희생이 반드시 뒤따라야 했다.

이런 나의 상황을 알게 되신 부모님께서 선뜻 육아를 도와주시기로 하셨다. 친정은 남편 직장과는 다른 지역에 있었기 때문에 당분간 주말부부로 떨어져 지내게 되었다. 하지만 그 상황은 그리 오래가지 못했다. 아이는 아빠와 떨어져 지내야 하는 상황을 받아들이기 힘들어했고, 여러 곳에 지원을 해 보았지만 상당 기간 경력이 단절된 나를 받아 주는 곳은 없었다.

미래에 대한 확신 없이 주변의 희생을 강요할 수는 없었기에, 아이와 함께 남편이 있는 곳으로 이사를 갔다. 때마침 코로나가 유행하기 시작했고, 집에서 아이를 봐야 하는 시간이 길어지면서 또다시 구직을 미뤄야 했다.

그 시기는 점차 길어져만 갔고, 더 이상 내게 일할 기회는 오지 않을 것만 같았다.

## 또다시 시작

그러던 중 지인을 통해 박사 후 연구원 포지션을 추천받았다. 연구가 주요 업무인 일반적인 박사 후 연구원과 달리 사업단의 교과목 개발을 지원하는 일이었다. '어떤 일이든지 도전해 보자.'라는 생각으로 일을 시작했다. 지금까지 해 오던 일에 대한 경력에 큰 도움이 되는 일은 아니었지만, 일을 다시 시작한다는 그 자체만으로 기뻤다.

시간이 흘러 어느 정도 업무에 적응을 한 후, 장기적인 관점에서 보다 적합한 일을 찾기 위해 다시 구직을 준비했다. 그동안의 경력을 살리면서 나의 적성에 맞는 곳을 찾기 위해 신중하게 고민했다. 그러던 중 부산산업과학혁신원(BISTEP)을 알게 되었다. 부산의 과학기술과 산업의 발전에 대한 방향성을 제시하고 관련 사업을 기획하고 추진하며 평가하는 기관으로, 지역의 미래를 위해 중요하고 가치 있는 일을 하는 곳이라는 생각이 들었다.

해 왔던 일들과 다소 거리가 있었기에 두렵기도 했지만, 다시 한번 도전해 보기로 했다. 준비 과정은 역시 쉽지 않았다. 직장에 다니면서 가정을 돌봐야 했고, 이사 시기도 겹쳐 정신없이 면접을 준비했다. 하지만 최선을 다했고, 합격할 수 있었다.

현재 나는 정책연구본부의 과학기술정책팀에서 일하고 있다. 중장기적 관점에서 지역의 과학기술이 나아가야 할 방향을 제시하고 전략을 수립하며, 현안을 해결하기 위한 연구를 수행한다. 지금까지 해 오던 일과 다른 부분이 많지만, 내가 가진 지식과 기술을 활용하여 지역의 발전을 위해 가치 있는 일을 할 수 있도록 열심히 노력해 보려고 한다.


## 도전을 망설이는 사람들에게


얼마 전 우연한 기회에 이공계 졸업 후 진로를 고민하는 분을 만난 적이 있다. 목표를 가지고 대학에 들어갔고 졸업 후 취업에 성공했지만, 현실은 꿈꾸던 것과 달랐고 결국 퇴사를 결정했다고 한다. 무턱대고 도전하기에 현실의 벽은 높았고, 다른 길을 가야 할지 망설이는 상황이었다. 그동안 여러 과정을 거쳐 이곳에 오게 된 나는 그분의 사연에 충분히 공감할 수 있었고, 이런 말을 전했다.

"지금 가는 길이 가고자 하는 방향과 다를 수 있지만, 한번 도전해 보세요. 지금은 보이지 않는 새로운 길이 보일 수도 있어요."

인생이 원하던 대로 흘러갈 수만 있다면 좋겠지만, 예상치 못한 여러 상황들로 인해 가던 길을 멈추기도, 방향을 잃어버리기도 한다. 그렇지만 눈앞에 놓인 길을 한 걸음씩 걷다 보면, 그 선택 하나하나가 모여 지금의 나와 미래의 내가 된다. 모든 사람은 각자 서로 다른 경험을 가지고 인생을 살아가며, 다양한 가치를 만들고 함께 어우러져 새로운 세상을 만들어 간다. 그렇기에 이 세상의 모든 도전은 아름답고 가치 있는 것이다.

# 여성들이여,
# 내가 원하는 모든 것을 이기적으로 가져라

김미점

대림대학교 컴퓨터정보학부 조교수

부산대학교 전자계산학과 학부 석사 후 kt 연구개발본부에 입사하여 7년간 근무하였다. 그 후 텍사스 주립대로 유학 가서 박사 학위를 취득하고, 다시 kt로 복귀하여 8년간 근무하였다. 이후 차세대 융합기술연구원에서 2년 정도 근무하였으며, 현재 대림대학교 컴퓨터정보학부 조교수로 근무 중이다.

# 흰색 가운 입은 연구원을 꿈꾸며

중·고등학교 시절 막연히 무릎까지 오는 하얀 가운을 입은 연구원이 되고 싶었다. 그래서 대학 입학을 위한 학과 선택에서 그 당시 가장 멋있어 보이는 컴퓨터를 배우는 학과로 결정하고 약대나 사범대를 원하는 부모님의 뜻을 저버린 채 전자계산학과에 입학했다. 1학년 때는 온갖 동아리를 전전하다 2학년 들어 학과 공부가 재미있어지기 시작했고, 과외 아르바이트를 해 내 돈으로 그 당시 일반 직장인 몇 개월 월급에 버금가는 퍼스널 컴퓨터를 사서 밤새워 프로젝트를 했던 기억이 있다.

학과 교수님들이 좋아 석사까지 마친 뒤에는 무작정 집을 탈출해(?) 서울로 오고 싶었다. 수많은 선택지 중 선배들이 가장 선호하던 대전의 전자통신연구소와 서울의 kt 연구소 중 당연히 서울 우면동에 있는 kt로 첫 번째 직장 생활을 시작했다. 5년 정도 지났을 때 kt의 기업 문화가 못마땅하기도 했고 어렸을 때부터 막연히 꿈꾸어 온 유학 생각을 접을 수 없어 다시 유학 준비를 시작했다.

## 꿈꿔 왔던 유학 생활, 좌절과 극복

당연히 반대할 줄 알았던 엄마는 드디어 딸의 고집을 꺾을 수 없음을 인지하셨는지 순순히 허락하셨다. "네가 내가 반대한다고 안 갈 애도 아니고…." 하시며. 당연히 그 당시 한국 사회에선 조금 힘든 일이었다.

결혼까지 해서 어린 딸까지 있는, 신의 직장까지 가지고 있는 엄마가 모든 걸 내려놓고 본인이 어릴 때부터 꿈꾸던 유학을 간다고(?) 주위에선 아무도 이해하지 못했지만, 엄마가 너무 관대하게 허락하셨고 남편도 항상 내가 원하는 바를 지원해 주는 사람이라 나는 미국 텍사스로 유학을 갔다. 가서 1년 만에 코스웍을 끝내고 딸을 데려가 3년 더 있다가 만 4년이 채 되기 전 학위를 받고 다시 kt로 복귀했다.

물론 유학 생활에서 좌절이 없었던 건 아니다. 높은 토플 점수와 GRE 성적을 믿고 영어에는 자신이 있었지만 첫 학기 수업은 거의 알아듣질 못해 책으로 공부했고, 주체할 수 없는 호기심과 지적 탐구심으로 끊임없는 질문을 했다.

시뮬레이션 수업이 기억에 남는데, 텍사스 오스틴 출신의 노 교수님은 정말 심한 텍사스 사투리를 구사하고 계셔서 우리는 오랫동안 커뮤니케이션이 힘들었다. 수업 중 모르는 문제는 그냥 넘어갈 수 없어 질문하면 내 영어 질문을 알아듣지 못하시는 교수님은 어쩔 줄 몰라 하시고 수강생들은 모두 박장대소했다.

하지만 내 질문에 답을 얻을 때까지 책을 들고 나가 줄을 그으며 질문했고, 나중에는 교수님이 내가 무례하다고까지 인식하시게 되셨지만 중간고사에서 받은 탁월한 성적을 보시곤 180도 관계 개선이 이루어졌다. 그 뒤 외부 장학금 추천서를 친히 보여 주시며 만족하느냐고 물어보시기까지 하셨다. "이 학생은 내 수업에서 가장 적극적으로 수업에 임할 뿐 아니라 어려웠던 평균 50점대 중간고사에서 90점대를 받은 유일한 학생이다."라는 인상적인 내용이 기억난다.

또한 학과 아이디어 경진대회에서 내가 낸 아이디어가 대상이 되는 성과를 가졌지만, 그 아이디어를 바탕으로 쓴 논문들은 줄줄이 리젝(reject)되었다. 7번의 논문 리젝 후 더 이상 희망이 없다고 생각해서 친언니와의 전화 통화에서 이젠 그냥 한국 돌아가야 할 것 같다고 얘기했었다.

그런데 나보다 한 학기 먼저 시작한 인도 박사 과정생과 우연히 얘기를 나누다 그 친구는 나보다 훨씬 더 실적이 안 좋은데도 박사 논문 디펜스 계획과 졸업 후 계획까지 완벽히 세워 놓은 것을 듣고는 아차 싶었다.

'이 친구는 나보다 빨리 시작해 나보다 이룬 것이 더 없는데 졸업할 생각을 하고 있구나. 내가 못할 이유가 없지.'라고 생각했다. 이때까지 거절당한 모든 논문들을 꺼내 철저하게 어떤 문제들이 있는지 조목조목 분석해 그 해결책을 마련해 드디어 첫 번째 억셉(accept)되는 논문을 발표했다.

## 사물인터넷에서 클라우드까지 신사업만 좇다

다시 kt로 복직해 박사 과정 때 전공했던 지금의 사물인터넷 쪽 연구 과제를 했다. USN(Ubiquitous Sensor Networks)부터 M2M(Machine to Machine)에 이르기까지 다양한 프로젝트를 4년 정도 하고 조금 지겨워질 무렵, kt가 클라우드 사업에 뛰어들 시점에 연구소에도 관련 담당이 생겼는데 운 좋게 조인할 수 있었다.

클라우드가 한국에 막 도입될 무렵이었고 관련 기술들이 너무 재미있고 신선해서 한참 재미있게 3년 정도 관련 업무를 할 수 있었다. 그 당시 셋째를 임신하고 조직 개편이 되어 연구소에 있기를 희망했기 때문에 클라우드 사업과 가장 관련 있는 IPTV 담당으로 가게 되었다.

그런데 통신사업이 점점 더 심한 경쟁으로 몰리고 레드오션이 되면서 연구소의 문화가 경직되고 생활이 재미없어지기 시작했다. 때마침 회장님이 바뀌시면서 희망퇴직을 받기 시작했다. 근무조건이 만 15년 이상이었는데, 내 인사정보를 조회해 보니 정확히 15년 4개월이었다. 모두가 반대했는데 남편은 여전히 나를 지지해 주었다. '당신 정도의 스펙에 갈 데가 없겠어?'라면서.

6개월 동안 구직 활동을 했다. 직장 다닐 때와 동일한 시간 스케줄로 집 근처 시립도서관에 출퇴근하는 생활을 하며 괜찮아 보이는 포지션에 지원서를 수정해 가며 지원했다. 그 당시 나는 친정 부모님한테까지 퇴직 사실을 말하지 않고 매일 이력서와 자기소개서를 수정하며 하루에 많게는 3~4군데씩 지원하였다. 그때 아무리 안정적인 직장 생활을 하더라도 항상 이직이나 다음 스텝을 위한 준비를 하고 있어야겠다는 생각을 가지게 되었다. 정말 아무 생각 없이 kt를 오랫동안 다녔구나 싶었다.

공무원 5급 경력직 채용도 1차 서류, 2차 시험까지 통과하고 3차 면접만 남은 상태였지만 공무원 생활이 나와는 맞지 않을 것 같아 연구소 쪽에서 오퍼가 와 조인하기로 마음먹었다. 드디어 광교 테크노밸리에 위치한 서울대 산하의 국내 최초 융합 타이틀을 가진 차세대융합기술연구원에서 근무를 시작할 수 있었다.

## 연구원에서 대학 교수로, 새로운 도전의 길

차세대융합기술연구원에서 당시 전력 에너지 데이터를 빅데이터로 구축하고 분석하는 프로젝트에 투입되어 다시 액티브하게 일을 하게 되었을 때, 정말 열정이 새롭게 돋아나는 느낌이었다. 항상 새로운 것이 재미있었다는 생각이 들었다. 대학에 처음 입학하여 새내기로 지내던 1학년 때, kt에서 첫 직장 생활을 시작해 신입 사원으로 첫 1~2년간 정말 재미있었다. 다시 직장을 옮기니 그 새로움에 취해 재미가 살아났다.

한참 프로젝트 미팅하고 세미나 발표를 하며 바쁜 나날들을 보내다 내가 맡고 있는 정부 프로젝트가 끝나고 새로운 프로젝트를 시작하면서 지속가능성에 대해 생각해 보았다. 차세대융합기술연구원은 연구원들이 지속적으로 과제를 수주해야만 운영되는 조직이어서 내가 항상 프로젝트를 끊임없이 수주해야 내가 속한 센터가 지속가능한 탓에 상당히 불안한 면이 있었다. 그 당시 좀 더 지속적이고 내가 나이 들어서까지 일을 할 수 있는 조직이 필요하다는 생각에 다시 이직을 계획하게 되었다.

가장 오랫동안 일할 수 있는 조직이 어디일까를 생각해 보니, 교수님들의 정년이 65세라는 게 떠올랐다. 그래서 집 주위 대학들에 원서를 접수하고 이직 준비를 하게 되었다. 이제는 내 나이가 장애가 되는 나이임을 깨닫고 오퍼가 온 곳 중 가장 집에서도 가깝고 인지도가 있는 대림대학교로 2017년 3월부터 근무하게 되었다.

처음 학교로 왔을 때는 무작정 학생들에게 많은 것들을 가르쳐야 한다는 생각이 지배적이어서 수업 슬라이드를 밤새워 만들고,

관련 공부를 수십 권의 책을 탐독하며 수업 준비에 열중했다. 그런데 50분씩 정말 열정적으로 강의를 했다고 생각했는데, 강의 평가 등을 보고 수업을 내가 원하는 대로 하면 안 되고 학생들이 원하는 방식으로 해야 한다는 사실을 몇 년 동안 서서히 깨닫게 되었다.

학생들의 요구 사항이 개개인별로 다르니 모두를 만족시켜 줄 수 없어 대다수의 학생들이 원하는 방식으로, 그리고 내가 생각하는 최소한의 수업의 질을 고려하여 적절한 수업을 하는 것은 생각보다 어려웠고 지금까지도 숙제인 듯하다. 퇴직할 때까지 100점을 받지 못할 것 같다는 생각도 여전히 들고, 내가 강의나 수업에 최적화되어 있는 사람인지 여전히 회의적일 때가 많다. 그러나 다음 학기에는 지난 학기들의 많은 오류들을 개선해 조금 더 나은 강의를 해 보고자 한다.

수업에 열중하고 있는 나

### 세 딸의 롤 모델이 될 수 있을까? 내 마지막 꿈은…

나는 지속적인 사회생활을 하며 대학 졸업 후 이때까지 항상 열심히 일했다고 자부한다. 그리고 사회에 기여하고자, 사회가 좀 더 나은 곳이 될 수 있도록 적지 않은 노력을 해 왔다고 자부한다.

나에게는 세 명의 딸이 있다. 현재 대학 3학년 중에 휴학하고 있는 큰딸과, 한창 예민한 중3 둘째, 아직은 어려 보이는 초등 5학년 막내까지 내가 가진 가장 소중한 별 세 개이다. 셋째를 막 출산하고 나서 나는 내가 스스로 대견했다. 아, 내가 이 소중한 세 명의 별들을 탄생시켰구나. 이 세 개의 별들이 가장 빛날 수 있게 내 모든 노력을 다 쏟아야겠다고 생각했었다.

물론 지금 내가 엄마로서 가이드로서 최선을 다하고 있는지는 100퍼센트 확신할 수 없다. 많은 여성 자기 계발서에는 항상 모든 것에 완벽하려 하지 말라는 내용이 주를 이룬다. 그런 말에 위안

책 읽는 세 딸들

을 삼으며 그냥 그때그때 내가 할 수 있는 만큼만 하려 한다. 지나친 100퍼센트 욕심은 지속가능하지도 않고 너무 빨리 지칠 수 있으니 완벽하진 않더라도 끝까지 완주하는 게 더 중요하지 않을까라는 생각을 하며 스스로 칭찬한다. 많은 일하는 어머니, 아버지들도 나처럼 그래야 한다고 생각한다.

나는 항상 이런 생각을 했다. 많은 딸들이 엄마처럼 살지 않겠다고 말하고 있는 한국에서, 우리 딸들은 엄마인 나를 보며 나도 엄마처럼 살 수 있으면 좋겠다는 생각을 하면 얼마나 좋을까? 딸들의 롤 모델이 되고 싶었다. 그러려면 내가 정말 좋은 사람이고 정말 잘 살아야 한다. 그렇지만 그 희망은 지나친 욕심인 걸 오래전에 깨달았다.

나는 딸들이 나보다 훨씬 더 훌륭하고 사회에 더 많이 기여하는 사람들이 될 거라는 걸 안다. 느끼고 희망하는 게 아니라, 알고 있다. 지금도 내 기대 이상으로 잘해 주고 항상 엄마가 자랑스러워하는 딸들이므로 나를 뛰어넘어 많은 성취를 이루고 사회에 기여할 거라는 걸….

물론 성공의 절대적인 기준은 없고, 모두가 생각하는 성공의 기준들이 다른 것 같다. 하지만 궁극적으로 나는 딸들이 나보다 더 행복하게 자기 자신을 자랑스러워하며 살게 되기를 희망한다.

나는 충분히 행복하고 현재의 삶에 만족한다. 나는 대림대학교를 퇴직하면, 우리보다 못사는 나라들의 원조 사업 일환으로 우리나라 전문가들을 보내 IT 분야의 다양한 일들을 하는 정부기관의 사업에 지원해 내 도움이 필요한 곳에서 봉사하고 싶다. 나의 목표는 충분히 일할 수 있는 나이까지 지속적으로 일하는 것이다.

그래서 신체적으로나 정신적으로 건강을 유지할 수 있도록 지금도 다양한 활동들을 하고 있다.

나는 최고를 위해서 항상 노력하진 않았다. 유학 갈 때도 가장 좋은 톱(top) 레벨의 대학이 아닌 내가 큰딸을 데리고 학위를 받을 수 있는 곳을 선택했기에 쉽지는 않았지만 목표를 이룰 수 있었고, 마지막에 대학 쪽에 지원할 때도 인서울의 4년제 좋은 대학을 타깃으로 지원하지 않았다. 물론 그런 학교에 현재의 논문 실적과 스펙으로 들어가기도 힘들었겠지만, 나는 내가 하고 싶은 많은 일들을 함께할 수 있는 대학을 선택해 지금도 가정과 일을 병행하며 나의 개인 시간도 갖는 등 웰빙을 실천할 수 있는 것이다.

내가 남성이라도 나는 동일한 선택을 할 것이다. 사실 나는 이때까지 내가 여성이라서 엄마라서 시도해 보지 못한 도전은 없다고 생각한다. 나는 항상 내가 원하는 것을 적극적으로 선택했고, 도전했다. 가장 중요한 것은 본인의 의지이고 열정이라고 생각한다.

사람들이 생각하는 장애물들은 본인의 열정과 의지로 충분히 극복 가능하다는 것을 알고 있다. 현재 선택을 고민하고 있다면 무조건 도전해 보라. 당신이 원하는 모든 것을 이기적으로 가져라.

# 나는 HYBRID 엔지니어다

## 이보경
### ㈜이노메트리 기술영업본부장

중앙대학교 영어영문 학사 학위를 취득한 후, 1999년부터 2010년까지 약 11년간 존디어 구매지사장을 지냈으며, 2011년~2016년 S&T 그룹, 2016년~2020년 한국 AVL에서 근무하였다. 현재 ㈜이노메트리 기술영업본부장으로 재직하며 여성 후배 양성에 많은 관심을 가지고 있다.

# 편안한 직장이 전부가 아니다!

난 "전형적인 라떼" 세대다. 70년대생에 90학번대, 선배들의 과
열 찬 반정부 시위 덕분에 나의 세대는 낭만적인 대학 생활을 그나
마 누릴 수 있었다. 대학이라는 곳도 나에게는 시험 성적에 맞춰
진학하는 곳이었다. 전기 진학 실패의 아픔을 겪은 후, 갈 수 있는
대학군에 후기 진학에 모든 걸 걸어야만 했었다.

내 머리는 문과생이라고 길들여진 것이 고1 때였다. 일란성 쌍
둥이로 태어나서 부모님께서 초등학교부터 매년 신학기 전에 학교
에 찾아가셔서 서로 다른 반 배정을 요청하신 덕분에 우리는 같은
반에서 공부하는 최악의 경우는 피할 수 있었다. 초등학교 때 친
구들이 쌍둥이라고 놀리는 것이 그리 달갑지 않은 상황이라 남들
이 봐도 똑같다고 놀려도 난 내 동생이랑 저 멀찌감치 떨어져서 다
니기 일쑤였고, 헤어스타일은 서로 작전을 짜지도 않았는데 내가
커트를 하면 동생을 자연스럽게 단발 스타일을 했었다.

그런데 고1 때 시련이 다가왔다. 내가 교복 1세대가 된 거다. 얼
굴도 같은데, 옷도 같은 옷이라니, 정말 싫었다. 그러니, 헤어스
타일이 유일하게 우리 차이점을 피력할 수 있는 표식이었다. 외면
이 그렇다고 하지만, 인생 최대 위기가 찾아왔다. 문과/이과 선택
이라는 이진법의 셈법을 처음으로 겪게 된 것이다. 좋아서 결정한
거라기보다는 피하기 위해서 결정했던 인생 첫 번째 방향성 향로
였다. 난 문과였다. 그리고 알았다. 그게 동생에게는 미안한 양보
였다는 걸…. 내 진로는 이렇게 결정되어 갔고, 전형적인 문과생
의 프레임(frame)이 만들어져 갔다. 대학 전공은 영어가 좋았다. 그

래서 어문계열로 공부를 했고 내가 지금까지 사회생활을 할 수 있는 초석이 되었다.

나에게 대학 생활은 호기심의 세상이었다. 그리고 인간관계 형성을 배울 수 있는 아픔(?)과 성장의 과정이었다. 한창 해외 어학연수의 붐에 편승해서 어학연수를 가고 싶었으나, 엄하디엄하시고 하다못해 투명한 삿갓을 쓰고 계신 아버지 덕분에 해외 연수는 말도 못 꺼내는 상황이었다. 그나마 해외에 나간 건 대학 4학년 때 부모님이 서로 아시는 친구들끼리 다녀온 일본 여행 15일이 다였다. 내 전공과도 전혀 상관없는 일본! 그것도 감지덕지했다. 내 사회생활 첫걸음은 아이러니하게도 대사관이었다. 그것도 중동국가 대사관….

첫날 나에게 주어진 건 히잡이었다. 생전 처음 들어 보고 만져 보는…. 목에 둘렀더니, 나를 희한하게 쳐다봤던 대사관 직원들의 눈빛이 지금도 선명히 남아 있다. 그러고는 대사관 직원 1명이 그 히잡을 목에서 점점 얼굴 위로 올리더니만 머리 위까지 감싸 주었다. 정말 아찔했다. 이쁘지는 않았지만 못생기지도 않았는데, 내가 왜? 그 나라의 문화를 모르고 겪어야 했던 수모 1탄이었다. 그 나라의 문화를 책을 통해서 배우기 시작하면서 히잡은 나의 신체 일부가 되어 갔다.

3월 초에 입사를 해서 직원들과 새로운 문화 교류와 업무를 배워 가고 있는 즈음에 갑자기 신기한 일이 벌어졌다. 그건 인간 본능인 먹는 거였다. 라마단 기간이 온 것이다. 갑자기 대사관 직원들이 기도를 정말 열심히 기도를 했다. 우리나라의 백팔배는 비교도 안 되었다. 내 경제활동을 통한 보상의 일부는 먹는 것이었다.

내가 이슬람인이 아닌 이상 나의 금쪽 같은 식사 시간은 양보가 안되었다. 결국 나는 과감한 출가를 결심했다. 아버지께 엄청 혼이 날 것을 예상했지만 "너의 뱃골을 채워지지 않은 경제활동은 의미가 없다."라는 역사적 한마디를 주시고 허하셨다.

그러고는 내가 하고 싶은 일을 찾게 되었다. 그 전에는 남에게 버젓이 보이는 직장, 월급, 평탄한 일이 우선순위였지만 한번 뱃골이 작아진 문제를 겪고는 내가 정말 좋아하는 일을 하고 싶었다. 전공이 어문계열이라 그때만 해도 다양하게 지원이 가능했다. 물론 교직은 나에게 도전의 직장은 아니었다. 프레임(Frame)에 갇혀 있는 직업은 나에게는 부담이었다. 정말 헌신의 직업이라고 생각했다. 그래서 학창 시절에 못했던 해외에 갈 수 있는 직업을 찾게 되었다.

그렇게 외국 무역회사에 입사했다. 지금도 진정한 사회초년생의 열정과 도전, 배움은 앞으로도 내가 가야 할 방향성을 정하기에도 충분하게 열심히 배웠다. 그때는 밤을 새워도 힘들지 않았다. 그만큼 일이 재미있었다. 시간차가 나는 국가와 일을 하는 것이 연애편지를 써서 답신을 기다리는 설렘과 같이 하루 동트기만을 기다렸다. 물론 100군데를 연락해서 나에게 관심 있는 회신을 주는 곳이 1곳일 정도로 막막한 경우도 있었다.

실망도 크고 맨바닥에 헤딩하는 것과 같다며 반농담으로 너무 많이 해서 앞으로 무한 헤딩도 가능하다고 했던 시절이었다. 그렇게 내 사회생활은 아마존처럼 보호받지 못하고 무한개척의 도전심으로 첫발을 내디뎠다. 내가 외국계 회사에 지원하게 된 이유 중하나는 주 5일 근무였다. 대기업보다 월급은 적어도 주 5일 근무라는 메리트는 상당히 컸다. 물론 일을 시작하면서 주 5일이 주 8일 이상이 되어 버렸지만, 그때라서 해낼 수 있었다.

미국, 대만, 일본, 유럽, 남미 등 등 새로운 국가와 문화를 접할 수 있는 것이 쉽지 않았을 때에 난 돈을 받고 배운다고 생각하면 고맙게 회사 생활을 할 수 있었다. 하지만 워킹맘의 또 다른 자격을 유지하면서 일하기란 쉽지 않았다. 몇 번을 회사 생활을 그만둬야 하는 고민도 했었다. 그런 점에서 경쟁적으로 사회생활을 해왔던 쌍둥이 동생한테 감사한다. 그 친구가 사회생활을 안 했으면 어쩌면 나도 쉽게 결정을 했을지 모르니 말이다.

### 사회생활 Chapter 2 시작되다

내가 자동차업종에서 사회생활을 할 수 있는 기회가 있었다. 존 디어(John Deere)라는 세계 최대 농기계/건설중장비 제조회사이다. 입사 때 맡은 업무는 구매관리 업무였다. 국내에서 검증된 자동차

부품들을 리스트업해서 미국 본사를 포함에서 글로벌 존디어 공장에 CQD(Cost, Quality, Delivery)로 파이프라인(pipeline)을 만드는 것이었다. 구매 업무의 기본적인 업무이며 3년을 했다.

그로부터 3년 후, 나에게 기회가 찾아왔다. 본사에서 나에게 구매지사장을 제안한 것이다. 내 나이 불과 31살이었다. 여러 가지 생각이 나를 사로잡았다. 분명 다시 오지 못할 기회이었다. 그러나 한국에서 구매하는 모든 제품 즉, 생산, 품질, 업체관리, 물류 등등 모든 포인트(point)를 내가 관리할 수 있을까? 우선, 본사에는 일주일 시간을 달라고 했다.

그 고민을 혼자 하고 있을 때, 어머님이 조언을 주셨다. "자리가 사람을 만든다. 진심으로 그 자리에 욕심을 내지 않으면 그 자리는 너의 스타일로 만들 수 있다." 그 말씀을 듣고는 이틀 만에 본사에 답을 했다. 우선 스스로 파악할 있는 시간을 줄 수 있냐는 전제하에 나의 치열한 사회생활이 시작되었다.

R&R이 업체 개발, 제품 개발, 도면 승인, 품질 관리, 생산관리, 물류 등등 처음 듣는 단어도 있었다. 가장 힘든 건 도면을 읽고 해석하는 것이었다. 그 당시에 도면은 내가 스케치북에 그렸던 그림과 같았다. 내가 내린 결정은 내가 책임진다는 인생철학이 있었다. 그리고 내가 하기로 한 이 업무는 내가 책임을 져야 했다.

구매지사장…. 마치 인생 상승의 엘리베이터는 딱 1층만 올라갔고 그다음부터는 내 발로 올라가야 정상에 도착한다는 현실을 인지한 지 이틀날이었다. 그길로 바로 서점에 갔다. 도면과 관련된 기본책들을 구매했지만 영어단어 외우듯이 머리에 외워지지 않았다. 어릴 때 이진법의 방식으로 전공을 결정할 때 내가 이과를 정하지 않은 게 정말 후회스러울 뿐이었다. 그다음 날부터 바로 공장에 가서 업체 실사를 해야했다. 내가 뭘 알아야 실사를 할 텐데…. 걱정이 많이 앞섰다. 본사 엔지니어도 5명이 와서 같이 실사를 하는 것이기에 걱정이 태산이었다.

다행히 첫날의 일반적인 어젠다와 제품 설명 등과 같은 단순통역은 늘 하는 일이기에 문제가 없었다. 이튿날부터는 현장에서 공장실사, 제품 위주의 심사가 있었다. 지금도 기억나는 단어는 "모따기"와 "모깎기"이다. 하물며 두 단어가 틀린 의미가 있다는 점…. 그 자리에서 본사 엔지니어 5명은 나를 쳐다보고 난 한국업체만 쳐다보고 고개를 본사 직원 쪽으로 몇 분간은 돌리지 못했다. 우리나라 말이 이해가 안 됐으니, 통역 자체가 불가능했다. 그런 일이 한 번만 있었던 것이 아니었다. 5일 동안 현장 미팅은 나의 현실을 적나라하게 인지시켜 줌과 동시에 무엇을 해야 할지를 가감 없이 알려 주었다.

그렇게 본사 직원을 보내 놓고 바로 그다음 날부터 공장 현장에서 일을 시작했다. 협력업체 대표님께 부탁을 드려서 회사 작업복을 받았다. 그러고는 작업라인에서 제품 공정을 머리로 익히는 것을 먼저 배우기 시작했고, 그 공정에 투입된 불량제품을 선별했다. 왜 불량이 되는지를 도면과 비교하면서 치수 읽는 법, 공차, 측정 방법 등 바닥에서부터 배우기 시작했다. 그것도 현장 작업자한테서 말이다.

지금도 느끼지만, 사무실 도면과 현장 도면 읽는 방법은 다르다. 답은 현장에서 반영되는 도면이 맞다. 난 다행히도 그걸 먼저 배웠다. 만약 연구소에서 엔지니어들이 그렸던 도면을 먼저 배웠으면 시간이 좀 더 오래 걸렸을 것이다. 3개월을 그렇게 일을 했다. 금요일 저녁에 집에 와서도 머릿속으로 도면을 그리기도 했다. 이런 형상이면 상대품에 간섭이 생기기 때문에 공차를 적게 둬야 구배가 생기기 않고 생산에 들어가면 불량이 현격히 줄어들 거라는 것까지 도면, 품질, 생산 그리고 서비스 부품관리까지 만들어져 갔다.

누군가 나에게 "어떻게 문과 출신이 도면을 읽고 이해를 하실 수 있으세요?"라고 묻는다면, 난 당당히 답한다. "전 도면을 읽고 이해할 수 있을 뿐만 아니라, 그 이면에 깔린 발생할 수 있는 품질도 볼 수 있습니다."

왜냐하면, 난 생산된 제품에 대해 본사 라인에 투입된 품질 관리도 했기 때문에 잠재된 품질을 초기 도면작업부터 발견하지 않으면 수많은 수정이 들어가게 되고, 이 모든 것이 비용(cost)과 직결되고 최종적으로는 고객사가 가장 큰 피해를 보는 걸 알기 때문이다.

난 체질 개선을 하기 시작했다. 문과생이 가지고 있는 좀 주관적이고 추상적인, 그리고 말로 표현해서 생기는 모호함을 내 머릿속에서 완전히 제거해야 했다.

도면에서 허용되는 공차는 10,000분의 1인 것도 있다. 측정하기도 힘든 부품들도 많다. 저렇게 힘들게 만든 제품을 작업공정의 단순한 실수, 미흡한 관리, 공정 누락 등 발생시킬 수 있는 수만 가지 요소가 있다. 그래도 한국의 자동차 부품 회사들의 실력은 과히 초일류라고 할 수 있다. 손끝 기술이 괜히 하는 말이 아니다.

내가 구매지사장 1년차일 때는 한국에서 수출되는 부품이 약 50

억 정도였다. 그 제품들은 오롯이 가격경쟁력만 있는 제품이었다. 중량물, 고부가가치가 없는 다른 국가에서 싸게 만들 수 있으면 바뀔 수 있는 그런 제품들, 주물류와 단순 프레임과 가공물이었다.

내가 기계공학 쪽으로 이해가 될 3년차부터는 한국 구매 전략을 수정했다. 장기적(Long-term)으로 구매 전략화할 수 있는 제품군을 발굴한 것이다. 즉, 고 부가가치 창출할 수 있는 key-core 제품군이었다. 단가 비중에서 물류 비중이 큰 제품보다는 물류 비중이 작으면서 핵심 요소들이 많은 제품군들을 정해서 구매 비중을 확대했다.

즉, 엔진, 트랜스미션, 쿨링 시스템 등 경쟁력 있는 업체를 발굴했고 본사에서도 적극적으로 지원해 주었다. 이건 단순히 내가 진행한다고 해서 되는 것은 아니었다. 한국 OEM 업체인 현대/기아/대우 등 국내 자동차가 세계화 확장(global expanding)에 기반을 두고 있었기 때문에 가능했다.

4년차부터는 엔진 부품이 피스톤과 링, 캠샤프트 등 고부가가치 제품들이 수출되었고, 쿨링시스템은 존디어(John Deere) 중소형제품에 독점적으로 공급되었다.

매년 물량이 늘고, 수급공장이 미국 본사에 먼저 검증을 받다 보니, 글로벌 런칭이 수월해졌다. 한국에서 수출되는 금액도 매년 30% 이상 증가하는 괄목할 만한 성장을 이루었다. 초기 공급업체도 6군데에서 20군데로 늘어났다.

2007년에는 농기계사업부분에만 부품 개발을 건설중장비 부분까지 확장했고, 국내 건설부품업체들을 개발했다. 대형제품의 한계가 있지만 BRICS(브라질, 러시아, 인도, 중국, 남아프리카)의 경쟁에서 이길 수 있는 부품들을 개발하여 당당히 미국 본사 공장에도 입성했다.

10년이라는 구매 업무를 하면서 필요한 자격증도 취득을 했다. 구매전문자격증(Certified Purchasing Manager), 6시그마 블랙벨트, ISO9002 등. 자기계발은 지금 2022년에도 필요하다. 단순히 업무에 연관된 것이 아닌 나 자신의 계발을 위한 것이라면 난 지금도 도전하고 싶다. 언젠가는 필라테스 강사가 되기를 희망하면서 오늘도 있는 대로 몸을 꼬아 본다.

## 사회생활 Chapter 3 새로운 도전

구매 업무를 11년을 한 2010년도 말, 난 새로운 도전을 하기로 했다. 구매 업무에서 그 반대인 영업/마케팅 업무였다. 오만한 자신감일지 모르지만 난 구매에서 필요로 한 영역은 어느 정도는 배웠다는 판단을 했다. '회사의 꽃은 영업이다'라는 말에 영업, 그중에서도 기술영업을 하고 싶었다.

워낙 맨바닥에 헤딩은 전문이고 아직은 바닥에 헤딩할 용기가 있는 터라 대한민국에서 가장 노조 성향이 격렬하다는 에스엔티그룹(대우정밀 & 통일중공업)에서 일을 시작했다.

그런데 입사 첫날, 사직서를 바로 내고 싶었다. 말로만 들었던 노조 아저씨를 접하는 것은 생각보다 무서웠다. 일은 사람이 만든다는 내 원칙이 하루아침에 그르다는 걸 알았다. 제품이라는 볼모

로 연봉 협상과 처우에 대해 회사와 장기간 협상을 했다.

난, 마음이 다급했다. 해외 고객은 약속이 첫 번째다. 고객은 기다려 주지 않는다. 싱글 소싱(Single sourcing)에서 듀얼 소싱(dual sourcing)으로 고객사 전략도 바뀌는 시점에 파업이라니. 가격 인상을 유도할 판에 업체에서 제외되는 위기에 직면하게 된다.

난 그날 이후로, 작업자 대신 라인에 사무직 직원으로 투입됐고 물론 자동화 라인이라 일부 단순한 매뉴얼 작업을 했다. 약 1달간은 현장에서 일을 했다. 약 35㎏ 되는 액슬(axle)에 조립되는 스핀들(spindle)이었다. MCT에 호이스트에 걸어 양쪽 브라켓 가공이 내가 하는 일이었다. 작업자의 하루 물량이 50개면 난 60개 이상을 했었다.

그동안 공급 못했던 제품들을 감안하면, 그 물량도 부족했다. 어느 정도 물량이 안정적으로 되어 있을 때, 가격 인상 협상을 했었다. 고객인 세계 최대 상용차 그룹이 메르데스 벤츠였다. 독일 사람들 성향을 현실적으로 배웠다. 첫날, 오전 9시부터 새벽 2시까지 했다. 독일 사람들 전략이 첫날 수많은 데이터와 구매자의 위압 등으로 상대방의 기를 죽여서 스스로 손을 들게 하는 것이라는 점을 사전에 정보를 들었다. 그리고 난 구매를 10년 했었다. 그들이 가지고 있는 전략은 나도 알고 있었다.

적을 알아야 이긴다. 그리고 난, 이 미팅을 준비한 우리 팀에게 이미 승전보를 주었다. 세계 최대의 자동차 그룹의 구매자 말만 들어도 대단한 위상이다. 미팅에 임하는 우리 직원들이 기를 살려야 했다. 언어의 장벽, 독일인들의 저음에 가까운 목소리 톤이 때로는 위압감을 주기엔 충분했다.

그리고, 3일 마지막 날. 그간 2년 동안 가격 인상에 응하지 않은 손실분과 인상 10%를 얻어 냈다. 현실을 솔직히 말했을 뿐이다. 과거 5년 동안 공급하면서 발생된 손실 부분을 그대로 오픈했고, 그동안 귀담아듣지 않았던 결과가 오늘이라고 직시해 줬을 뿐이다.

## 전기차 기류를 타다

그룹사인 대우정밀에 근무하면서 전기차 핵심 부품인 모터 영업을 했었다. 자동차 부품에 비하면 엄청 간단해 보였던 부품 수도 적고 사이즈도 작아서 내 머릿속에는 그리 기억에 남지 않았던 부품이다. 그런데 2014년부터는 모터 매출이 급격히 증가하기 시작했다. 하이브리도 차량이 개발되면서 모터가 필요했기 때문이다. 2016년도에 글로벌 엔지니어링 업체인 AVL 한국 전기차 기술영업으로 이직을 했다.

그동안 내연기관 부품만 알았던 지식이 또 다른 신세계에 들어갔다. 내연기관 부품 대비 60%프로이나, 성능이나 출력 안전도는 ICE보다는 더 까다롭고 높다. 난 AVL에서 전기차 개발을 위한 다이나모나 배터리 개발에 필요한 설비 장비를 국내업체에 소개하는

기술영업을 맡게 되었다. 입사한 지 3개월 후 현대/모비스 연구소에 전기차 모터 다이나모처 16대 입찰이 있을 예정이었다.

우선, 고객들 사양을 알아야 했고 현대 남양연구소 문지방이 닳아 없어질 정도로 열심히 뛰었다. 요새 MZ 세대들은 나와 다른 영업 방식으로 일하지만, 난 여전히 발바닥에 땀이 나야 진정한 영업이라고 생각하는 구방식(?)으로 여전히 일하고 있다. 농사를 짓는 농사의 마음이 잠깐 게으름을 피우면 그해 농사는 잘될 수가 없다.

또 다른 도전이다. 전기차의 핵심 부품인 모터+인버터+감속기 complexity 유닛을 다이나모터에 테스트를 하는 것은 현대차에서도 고성능 전기차를 개발 생산하는 향후 중장기 중요한 프로젝트였고, 그 프로젝트에 합류한다는 건 AVL이 한국 시장에 횡전개할 수 있는 중요한 기회였다.

입찰 PRI를 받고 나서 약 2달간은 사양서 50장이 넘는 페이지를 영어로 번역하면서 본사 엔지니어와 함께 꼼꼼히 검토했고, 한국 전기차 장비 시장 진입에 마침내 성공할 수 있었다. 이미 일본

전기차 장비업체들이 선점한 시장에서 고성능 장비 시장을 선점한 것이다.

전기차, 수소차 등 미래 자동차를 이끌어 가는 주변의 훌륭하신 살아 있는 엔지니어(석학)분들과 같이 일하는 영광도 가질 수 있었다. 특히, 전임 정통부장관이신 배순훈 회장님, 전임 모비스 전동화 본부장이신 안병기 전무님, 진정한 엔지니어의 DNA 덕분에 중도에 포기하지 않고 여기까지 올 수 있었다.

2022년 작열하는 7월, 난 경기도 소재 배터리 검사기 업체 이노메트리에 있다. 여기서도 난 기술영업본부장을 하고 있다. 매번 회사 이직할 때마다, 새로운 제품 기술영업이다. 재밌다.

전기차의 중심이 배터리업체, 그중 불량을 선별하는 검사기업체, 전기차의 마지막 빨간펜 선생님이다. 2D로 검사하는 장비에서 3D(CT)까지 개발하여 양산공급을 하고 있다. 하나의 CELL 안

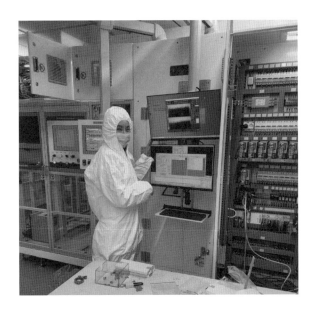

의 양극, 음극 불량을 찾아야 전기차 운전자가 안전하게 주행할 수 있는 중요 검사기 설비이다.

누군가 나에게 "당신은 어떻게 이 험한 자동차 엔지니어 필드에서 살아남았는지요?"라고 묻는다면, 난 답한다. "기계는 거짓말을 안 한다. 사람이 실수한다." 난 정직한 기계에 매료됐고, 거짓말 안 하는 기계를 많은 회사에 영업하는 것이 그냥 FUN하다.

난 HYBRID 엔지니어다!

마직막으로, 오랜 기간 동안 여성으로서 사회 일원이 되게끔 적극적인 지원과 후원, 희생을 해 왔던 사랑하는 가족(지희 & 송희), 친지, 친구분들께 진심으로 감사함을 전합니다.

# 경험은
# 결코 늙지 않는다

이서영

SK주식회사 전문위원

정부산하연구기관을 일 년 만에 그만두고 벤처 기업을 거쳐 공동창립자로 12년간 스타트업에 근무하다가 2007년 SK㈜C&C에 입사해서 15년간 일하고 있다. 개발자로 시작해서 공공기관 프로젝트 매니저를 오랫동안 하다가 사업개발 및 서비스 기획 사내 전문가가 되었고, 지금은 비즈니스 애널리스트로 일하고 있다.

# 어쩌다 30년

33년째 IT 분야에서 직장 생활을 하고 있다. 정부 산하 연구기관, 스타트업, 중소기업, 대기업까지 문화와 성향이 다른 다섯 곳의 직장을 경험했고, 사회생활을 시작할 때 상상도 못했던 은퇴가 가까운 나이가 되어 있다. 회사의 규모로 구분하면 절반은 스타트업이나 중소기업에, 절반은 대기업에 근무했고, 분야로는 공공 SI에 25년, 사업개발 8년 정도 근무했다.

18개월마다 반도체 집적 회로가 2배가 된다는 무어의 법칙이 말해 주듯이 IT 분야에서는 2년만 지나면 습득한 기술 중 절반은 무용지물이 되는 것 같다. 끊임없이 배우고 변화에 적응하며 살아왔지만 이제는 경력에 비해 쓸모가 적은 사람이 아닐까, 지금 나는 어떤 가치를 가지고 있을까 하는 생각으로 30여 년을 회고해 보았다. 그동안 수행했던 굵직했던 프로젝트를 되돌아보니 아쉬움도 있지만 나름 가치 있는 일도 했고 앞으로 어떤 삶을 살아야 할지 고민도 하는 시간이었던 것 같다.

첫 직장으로 정부 산하연구기관에 입사했으나 발전이 없다는 생각에 국내 벤처 기업 1호인 비트컴퓨터에 입사해 병원정보시스템을 개발했다. 이 경험이 계기가 되어 건강보험 의료정보망 사업에 참여하게 되었는데, 이때부터 대형 공공기관 SI(System Integration) 프로젝트를 수행하게 되었다.

KT 의료정보망 EDI 구축은 종이 문서로 이루어지던 건강보험료 청구 및 각종 자격신고 업무를 전자문서 방식으로 전환하는 대규모 장기 프로젝트였는데 이 프로젝트를 통해 건강보험공단과 의료기관 간 청구 업무가 간소화되었고 진료비 청구/지급 기간이 45일에서 15일로 혁신적인 단축이 이루어졌다.

이 프로젝트는 약 15년 후 웹 기술의 발전에 따라 건강보험 심사평가원에서 재구축사업을 했는데, 이때 다시 프로젝트(Project) 리더로 참여하게 되었다. 2010년에는 수백억 규모의 EDI 청구비용을 무료화하고 대용량 영상자료 전송과 초당 처리 수를 두 배 가까이 개선했다. 사업에 대한 이해도가 높으니 어려운 사업임에도 고객을 리딩하면서 성공적으로 완료할 수 있었다.

인터넷 초창기에 우체국 프로젝트를 약 3년간 수행했다. 저울에 편지든 소포든 올리기만 하면 원스톱으로 처리되는 다기능창구와 우편물을 비대면 방식으로 접수하는 무인창구를 개발했는데, 당시에는 무척 난이도가 높은 기술이라 힘들었지만 지금도 우체국에 가면 내가 개발했던 시스템을 경험할 수 있어서 자랑스럽다.

수백억, 지금은 수천억 규모의 차세대 프로젝트는 정말 힘들다. 국민연금 차세대 프로젝트의 경우 2년 동안 월화수목금금금으로 일을 해야만 했다. 이때 둘째인 딸이 초등학생이었는데 엄마를 볼 시간이 부족하니까 전화를 자주했다. 통화라도 맘 놓고 할 수 있으면 좋았겠지만 회의가 많을 때에는 딸에게 전화를 오래 받기 힘든 상황을 설명해 주어야 했다.

지금도 아이들이 나에게 '설명충'이라고 하는데 초등학생 아이에게 엄마의 일을 설명하면서 국민연금이란 무엇인가부터 시작을 했다. "국민들이 나이 들어서 일을 못하게 되면 나라에서 돈을 줘야 하는데 그게 국민연금이야. 엄마는 지금 국민들이 연금을 잘 받을 수 있도록 도와주는 일을 하고 있어. 엄마가 늦게 와도 스스로 더 많은 일을 하고 엄마가 '회의 중이에요.'라고 할 때는 전화를 짧게 한다면 국민들을 더 많이 도와주게 되는 거야."라고 애국심까지 들먹이며 거창하게 설득을 했다.

그런데 딸아이의 반응이 의외였다. "정말 내가 국민들을 도와주는 거야?"라면서 우쭐하는 것이었다. 내가 일에 대해 자부심을 가지면 우리 아이들도 함께 긍지를 느끼고 응원해 주는구나 깨달은 순간이었다. 우리 아이들도 머지않아 사회생활과 경제활동을 해야 하는데, 부모의 직장 생활에 대해서 같이 대화한다면 우리 아이들이 사회를 더 잘 이해할 수 있을 뿐 아니라 나의 조력자이며 응원단이 되어 준다고 생각한다.

국민연금공단의 경우 최근 13년 만에 1,000억 규모의 차세대프로젝트 입찰 공고가 나왔다. 힘들게 일했지만 고객들과 함께 성공했던 기억 때문에 이전 기억을 되살려 제안에 참여했고, 어려운 과정을 거쳐 우리 회사가 사업자로 선정되는 데 기여를 할 수 있었다. 공교롭게도 전에 파트너로 일했던 고객이 추진단장으로 오셔서 만났는데 "그때 우리 팀워크가 좋았었죠."라고 말씀을 해 주시기도 하고, 10여 년 전에 했던 일이 아직도 힘을 가지고 현재의 나를 도와주기도 하는 재미있는 경험을 했다.

재미있고 보람 있었던 일은 광주하계유니버시아드대회였다. 3년간의 장기 프로젝트였는데 스포츠대회에서 필요한 조직위원회의 운영 시스템을 구축하는 일이었다. 스포츠를 관람할 때 가슴이 두근거리는 경험은 누구나 있을 텐데, 이게 일이라니…. 일을 알아 가는 재미가 있었다. 유니버시아드는 대학생 올림픽이라고 할 수 있다. 30종이 넘는 종목에 170여 국이 참여하는 축제이며 2년

마다 하계, 동계 대회가 열린다.

대회 3년 전부터 준비를 시작해서 2년 전에 열리는 대회를 참관하면서 노하우를 전수받는데, 나는 러시아 카잔에서 열리는 이전 대회에 조직위와 함께 옵저버 프로그램에 참여해서 스포츠대회의 숨겨진 공간까지 모두 견학하고 배우는 귀한 경험을 했다. 이를 바탕으로 조직위원회의 25개 조직과 소통하며 대회 운영시스템을 개발했는데, 대회가 끝난 후 세계 대학 스포츠 연맹에 레거시 시스템으로 기증했다.

이를 배우기 위해 러시아 카잔 유니버시아드대회, 인천아시안게임, 인천 실내 무도 아시안게임, 충주 세계 조정경기대회 등 각종 스포츠 대회에 참관했고 일을 하면서 새로운 세계를 알아 가는 재미는 덤으로 따라왔다. 오랫동안 공공기관 프로젝트에 참여하면서 내가 가진 IT기술을 통하여 국민들에게 편리한 혜택을 주거나 사회적 비용을 절약하는 데에 기여한 점이 가치 있는 일이었다고 생각한다.

## 어쩌다 리더

언제 일이 가장 힘들었는지 생각해 보니 리더가 되었을 때였던 것 같다. 5년차 때 스타트업에 발을 들여놓게 되었다. 직원이기도 했지만 코파운더로서 인력 소싱부터 벤처 인증, 유망 중소기업 인증, 기술담보 및 투자 유치, 프로젝트 매니저 등 닥치는 대로 필요한 일을 하다 보니 5명으로 시작한 회사가 5~6년 만에 70명 정도

광주유니버시아드 프로젝트 - 2013년 러시아 카잔 출장 및 2015년 광주대회

의 규모로 커졌다. 내공을 쌓을 틈도 없이 빨리 커 버렸다.

　겨우 서른 살에 과장 직함에 20명 정도를 책임지는 리더가 되었는데, 리더가 되는 법은 따로 배운 적도 없고 팀을 이끄는 것은 예기치 못한 일투성이라서 고심을 많이 했다. 초보 리더들이 흔히 그렇듯 팀원 할 일을 내가 떠맡고 힘겨워하기도 하고, 내가 원하는 성과를 내지 못하는 팀원 때문에 스트레스를 받기도 했다.

　공부법을 알려 주는 책을 읽은 사람이 모두 공부를 잘하지 않는 것처럼 리더십 관련 책이나 교육도 많았지만 그 이론이 나에게는 맞지 않았다. 결론적으로 리더의 역할은 의사결정과 소통이 핵심이고, 이걸 잘하려면 나와 상대방을 모두 잘 이해하고 서로 다른 구성원들의 장점을 발견하여 역량을 극대화하는 것이 중요하다는 것을 깨달았다. 가장 쉬운 방법은 내가 경험한 리더들을 떠올리며 좋았던 점은 따라 하고 싫었던 것은 절대 하지 않는 것이었다.

나그네의 옷을 벗기기 위해 해님이 될 것인지 바람이 될 것인지 헷갈리기도 했지만 나에게는 해님이 어울린다는 결론을 얻었다. 강하게 밀어붙이면 단기 성과를 낼 수 있지만 장기적으로는 서로 도우며 함께 성장한다는 생각으로 정성을 기울일 때 좋은 성과를 낼 수 있었다. 나의 약점이나 허술한 모습을 보이지 않으려 노력했지만, 지나고 보니 솔직하게 나의 약점이나 고민 등을 팀원들에게 말할 때 오히려 공감이 형성되었다.

Speak Out과 더불어 시도했던 것이 자기비판이었다. 프로젝트 종료 후나 연말에 스스로에게 세가지 칭찬과 세가지 반성을 한다. 그렇게 칭찬과 반성을 하다가 깨달은 점이 있는데, 열정을 가지고 한 일에 대해서는 칭찬과 반성이 빨리 떠오르고 재미가 없었던 일은 칭찬도 반성도 빨리 떠오르지 않는다는 점이다. 이런 회고를 하면서 자존감을 높이고 단점을 보완하기도 하며 성장할 수 있었던 것 같다.

개인적으로 유익했던 경험으로 2016년 여성공학기술인협회 커리어 코칭 프로그램에 참여했던 것을 꼽을 수 있다. 부끄럽게도 이때까지는 코칭에 대해 잘 몰랐는데 Witeck에서 이화여대와 협력으로 지원하는 교육을 받고 여성 구성원들로 팀을 꾸려 코칭 활동을 하면서 많은 지혜를 얻게 되었다. 무엇보다도 좋았던 것은 코칭이란 것은 답을 알려 주는 것이 아니고 답을 찾을 수 있도록 도와주고 잠재력을 일깨워 준다는 점이었다. 또 이때 남을 대하는 나의 태도를 바꾸어 준 계기가 된 배움이 있는데, 자신의 단점을 보완할 수 있으려면 자기와 다른 성향의 사람을 존경할 줄 알아야 한다는 것이었다.

다름을 인정해야 한다는 것은 익히 들어 왔지만, 나의 단점 보완과 연결된다는 점이 인상적이었다. 의식적으로 상대방의 강점을 찾아보고 그 점을 대단하게 여기면 나만의 기준으로 남을 평가하던 내 마음이 달라지고 일과 감정을 분리할 수도 있게 되었다. 훌륭한 사람이란 남들이 바라보는 나와 내가 바라보는 내가 일치하는 사람이며, 그 차이를 줄이기 위해서 끊임없는 자기 객관화와 비판을 하려고 노력 중이다.

## 경로를 벗어났습니다

대기업 공공참여가 법적으로 제한되면서 20여 년간 해 왔던 일을 할 수 없게 되었다. 700명 정도였던 조직이 와해되었고 구성원들도 뿔뿔이 흩어지게 되었다. 퇴사 후 중견 기업으로 이직하여 하던 일을 계속하거나 그룹사 일을 하는 사내의 다른 조직으로 이동하는 경우가 대부분이었다.

나는 헬스케어 사업개발조직으로 이동하게 되었다. 스타트업에서 근무하면서 솔루션 개발과 솔루션 기반의 사업개발을 했던 경험이 있었지만 사업개발은 그동안 해 왔던 일과는 많이 다른 일이라 경로를 이탈한 기분이었다. 그동안은 고객의 요구사항에 맞춰서 시스템을 구축하는 일을 해 왔는데, 시장조사를 하고 비즈니스모델을 개발하는 일은 무에서 유를 창조해야 하는 일이었다. 사업개발 경험이 없는 내가 팀원들을 이끈다는 것에 부담을 느끼

2016년 커리어 코칭 멤버들과

고 역량이 뛰어난 후배들에게 가르칠 게 없는 것 같아 위축되기도
했다.

하지만 나에게는 병원시스템 개발, 건강보험공단과 심사평가원
프로젝트 경험이 있어 비즈니스 이해도가 높고 IT기획 역량이 있
었다. 가지지 못한 것 때문에 움츠러들 게 아니라 가지고 있는 역
량, 리더십 등을 발휘하자고 생각했고 후배들에게도 배울 것은 배
웠다. 서로 좋은 영향을 나누며 수백억 규모의 투자를 승인받고
결국에는 사업 론칭까지 성공할 수 있었을 뿐 아니라, 사내에서
Digital Transformation의 우수 사례로 손꼽히며 포상도 받았다.

헬스와 의료 관련 국내/외 시장을 샅샅이 분석하고 우리가 진입
할 수 있는 분야와 새로운 사업모델을 발굴하는 일을 했는데, 초

AIA생명보험사와 공동사업개발(2018년) – 손흥민, 토트넘 선수들과 함께

기 단계에는 비즈니스파트너 발굴, 계약, 협상, 내부 투자심의 보고 등을 사업 론칭 후에는 Product Owner 역할로 서비스기획부터 캠페인/이벤트 마케팅 관련된 일까지 많은 영역을 다뤄야 했는데 모든 게 새로웠다. 잘 모르는 분야는 책으로 공부하기도 하고, 업계의 다양한 사람들이나 창의적인 스타트업들을 만나서 많이 배우며 에너지와 영감을 얻을 수 있었다.

　지금도 그때 멤버들과 이야기하면 그 사업은 온 우주가 도와준 것 같다고 말한다. SK그룹 내에서는 하이닉스 인수로 유명한 사업개발 전문가들이 때마침 그룹장, 부문장, CEO로 계셨는데 같이 일해 본 것이 영광이라고 생각할 만큼 배울 점이 많은 분들이었다. 그분들이 너무 바빠서서 일요일이나 점심시간에 보고를 했는데, 일요일에 출근한다는 불만보다 휴일에 시간을 내어 주시는 게 감사하다는 마음이 들었다.

　여성 비율이 절반이 넘는 팀은 처음 경험했는데, 여러 분야에서 역량 있는 친구들이 열정적으로 일했고 여성 특유의 에너지인

수다를 통해서 엄청난 소통과 팀워크를 만들어 내면서 늘 웃으며 일할 수 있었다. 또 마침 남아프리카 공화국에 본사를 두고 있는 Discovery란 보험사의 Vitality라는 헬스&웰니스 프로그램을 알게 되어 AIA생명보험과 공동사업으로 모바일 기반의 한국형 건강 플랫폼을 만들었다. 우리 회사의 IT기술로 보험회사의 가치사슬 중 마케팅 분야를 디지털로 전환하는 4차 혁명시대에 딱 맞는 사업 모델을 개발한 것이다.

그때 그 시점에 리더들이, 팀원들이, 파트너가 만나게 된 것 자체가 경이로운 일이라고 생각되고 개인적으로는 낯선 세계에 뛰어들었지만 경험과 열정을 버무려 좋은 성과를 내면서 인생의 지평을 넓힐 수 있었다. 개발 프로젝트는 오래 했지만 사업개발 및 서비스 기획의 역량을 인정받아 전문위원으로 승진하게 되었기 때문

남아프리카 공화국 출장(2018년)
– 넬슨만델라 광장에서

에 뭔가 아이러니한 느낌도 있다.

사업개발이 매력적인 이유는 꿈을 꾸는 일이기 때문인 것 같다. 고객의 문제를 해결해 줄 수도 있고 세상을 변화시킬 수 있다는 점에 가슴이 설레게 된다. 내가 하는 일을 주도적으로 만들 수 있고 왜 이 일을 하는지가 명확해서 일을 즐겁게 할 수 있었다. 더 나아가 좋은 점은 이런 경험을 하고 나면 내가 하는 모든 일에서 가치와 보람을 찾으며 즐겁게 할 수 있다는 것이다.

새로운 일을 맡게 될 때 커리어패스에서 이탈하거나 직장 내 경력 단절을 염려할 수 있다. 그러나 위기는 언제나 기회! 역량을 수평적으로 확장하고 시야를 넓히는 계기로 활용할 수 있다. 특히, 4차 혁명시대인 요즘은 모든 조직이 크로스펑셔널(Cross Functional) 해지고 있다.

## 경험은 결코 늦지 않는다

아무것도 하지 않는 것보다 뭐라도 하는 게 낫다. 목적지가 없었는데 한 발 한 발 나아가다 보니 어느 산의 정상에서 아름다운 경치를 감상할 수도 있고, 목적한 곳은 바다였지만 길을 헤매다가 멋진 호수를 만날 수도 있다. 내가 꼭 가고 싶었던 바다만 생각하느라 눈앞에 있는 호수의 멋진 풍경을 놓치는 것은 어리석은 일이다. 목표가 명확하고 계획이 치밀하며 이 모든 것이 선명하게 진행되는 인생이 얼마나 될까? 순간순간 가치 있다고 판단되는 일들을 선택한다면 작은 일들이 쌓이고 모여서 의미 있는 인생을 만들어 준다고 생각한다.

선택은 언제나 어렵지만 나만의 기준을 정한다면 의외로 간단하다. 내 선택의 기준은 새로운 도전과 성장의 기회 두 가지였다. 중소기업에서 대기업으로 이직하는 확률이 10% 남짓이라는 기사를 읽었다. 처음부터 대기업에 입사하고 싶어 하는 취준생들의 심정을 이해할 수 있는 사실이다. 하지만 어떤 환경에서도 도전하고 성장한다면 더 많은 기회를 얻을 수 있다고 말해 주고 싶다.

전에 같이 일했던 후배들이 종종 이런저런 상담이나 코칭을 요청해 온다. 얼마 전에도 어떤 후배가 본인의 커리어에 대해 내가 꿈을 심어 주었으니 도와 달라며 상담 요청을 해 왔다. 같이 고민하면서 대화를 하고 난 후 나에게 "위원님은 영화 〈인턴〉에 나오는 시니어 인턴을 하시면 잘 어울릴 것 같아요."라고 이야기를 해 주었다. 그 친구가 이제 나에게 새로운 꿈을 제시해 준 것이다.

영화 〈인턴〉에서 시니어 인턴 벤(로버트드니로 분)이 채용 인터뷰 때 이렇게 말한다. "매일 출근할 곳이 있다는 게 정말 좋을 것 같아요. 신기술을 배우는 데는 시간이 좀 걸리겠죠. 9살 먹은 제 손자한테 전화해서 USB가 뭔지 물어야 했거든요. 하지만 배울 수 있어요. 배우고 싶어요. 그리고 난 평생 직장인으로 살았어요. 뮤지션은 은퇴 안 한단 기사를 읽은 적이 있어요. 더는 음악이 떠오르지 않을 때까지 계속한대요. 내 마음속에는 아직 음악이 있어요."

이 대사에 모든 시사점이 담겨 있다. 이분은 매일 출근하는 생활을 정말 좋아했고 계속 배우고 싶어 한다. 그런 태도로 살면 마음속의 음악이 계속 떠오를 것 같다. 소위 꼰대가 되지 않는 방법이기도 할 것이다.

또 벤은 "내가 도울 수 있는 일은 열심히 돕겠어요."라고 말한다. 나이가 많고 경험이 많은 사람들이 해야 할 일이 바로 이거라고 생각한다.

코로나 시작 무렵, 복병이 찾아왔다. '미만성 거대 B세포 림프종'이라는 혈액암이었다. 발견했을 때 2기라고 하니 암세포들이 생긴 지 1~2년은 되었을 텐데 이상하게도 당시 나는 컨디션이 최상이었다. 1년에 요가 수업을 225회나 출석하고 일주일에 5만 보이상 걸었다. 피곤한날도 거의 없었고 일도 많이 하고 취미생활과 심지어 드라마 대본 자문까지 할 정도로 에너지가 넘쳐나던 때였다.

수술하고 방사선 치료를 하면 끝날 거라고 해서 휴가를 내고 수술을 했는데, 수술 도중 혈액암인 것을 알게 되어 항암치료를 받아야 한다고 했다. 그때까지도 몸 상태가 아무렇지도 않았다. 증상이 없다 보니 치료하는 날만 휴가를 내고 계속 일을 했는데, 2차 치료까지 하고 보니 독한 치료 때문에 머리도 빠지고 일을 계속하는 게 무리라는 생각이 들었다. 결국은 항암치료 6차 중 3차까지 마치고 3개월 휴직을 하고 다행히 완전 관해 진단을 받았다.

일에 복귀하는 문제에 대해서 많이 고민을 했었다. 팀장님이나 팀원들이 빨리 돌아오라고 응원을 보내 준 것도 큰 힘이 되었지만 나를 위해서 좋은 것이 어떤 것인지 생각해 보았다. 일을 계속하기로 결정한 가장 큰 이유는 나는 일을 할 때 에너지가 충만해진다는 점이었다. 쉬면서 건강을 돌보는데도 활력이 생기지 않는다. 역시 나는 일을 해야 하나 보다. 내 마음속에는 아직 음악이 있나

보다.

오랜 삶과 여정을 통해 나에게 남은 것은 경험이다. 경험을 통해 지혜를 얻었고 충분하지 않더라도 누구를 돕는 일에 쓰고 싶어서 전문 코칭 자격을 준비하고 있다. 〈인턴〉의 유명한 대사처럼 경험은 결코 늙는 것이 아니기 때문에….

# 기획하는 공대생,
# 스타트업 창업과 N잡러가 되기까지

## 장은진
고동상사 대표

연세대학교 화공생명공학과 학사 졸업 후 창업 커리어를 만들어가고 있다. 다양한 경험을 추구하여 스타트업 근무, 커뮤니티 운영, 6개월간의 배낭여행, 두 차례의 창업를 시도했다. 기획사이면서 강의, 멘토링을 하는 교육자이기도 하며 기사를 쓰고 행사를 기획하고 사회를 보기도 한다. 현재는 화장품 관련 사업과 IT업체를 운영 중이다.

공학을 전공한 뒤, 엔지니어나 연구원 같은 공학을 다루는 직업이 아닌 다른 길을 고려하고 있는 여성 공학도들에게, 특히 창업이나 프리랜서 도전을 꿈꾸는 여성들에게 작게나마 용기를 줄 수 있길 바라며 부족한 글 솜씨로 나의 이야기를 전하고자 한다.

## 재미있게 보낸 학창 시절이 내게 남긴 것

어린 시절의 나는 평범한 사람이 아닌 특별한 사람이 되고 싶었다. 지금의 나는 특별한 사람이 되었다라고 결론 내리기에 이른 나이이고 특별한 사람의 기준이 어린 시절 생각한 그것과는 다르지만, 어린 시절의 맹랑한 꿈은 특별한 것을 좇아가도록 나 자신을 이끌었다.

어린 시절, 나에게 특별한 것은 재미있는 것이기도 했다. 친구들을 웃게 만드는 재주가 있었고 같은 반 친구들과 두루두루 친한 학생이기도 했다. 그러다 보니 자연스럽게 팀장 역할도 많이 했고 사람들 앞에 나서는 일도 늘어났다. 중학교 때에는 3년 내리 반장을 했는데, 그때의 나는 꽤나 반항아 기질이 있었던 터라 우리 반은 다른 반과 다르게, 기존에 해 오던 방식과 다르게 무언가 새로운 것을 하고 싶다는 생각을 늘 하곤 했다.

대표적으로는 크리스마스를 특별하게 보내고 싶어 우리 반만의 작은 이벤트를 기획했던 일이 떠오른다. 크리스마스를 앞두고 우리 반 아이들 전원이 산타 모자를 단체 구매해 쓰고 다녔던 일이다. '굳이?'라고 생각할 수도 있지만 15살 여학생들에게는 그 자체가 친구들과의 놀이 같은 것이었다. 점심시간이 되자 다른 반 학생들이나 식당에서 일하시는 분들이 우리를 보며 궁금해했고, 우리는 크리스마스를 자축하고 싶어서 그냥 다 같이 사서 쓰고 다니는 것이라 답했다. 선생님들의 제지로 하루 만에 그만두게 되긴 했지만 우리 반만의 에피소드를 추억할 수 있게 됐다. 이 밖에도 많은 에피소드들이 이 에세이를 쓰는 동안 문득문득 떠올라 웃음이 나온다.

고등학교 3학년 때에는 학생회장 선거에 나갔다. 우리 학교는 학생회장 선거 문화가 꽤 재밌는 곳이었는데, 학생회장 후보들이 미키 머리띠 같은 것을 끼고 다니면서 선거 운동을 하고 직접 머리핀이나 배지 같은 것을 만들어 학생들에게 나눠 주는 식이었다. 그리고 선거 기간 동안 전교생 대부분이 지지하는 후보의 굿즈(?)를 옷이나 머리에 달고 다닌다.

나는 콘셉트를 군인으로 잡고 군복 상의를 입고 다니면서 선거 운동을 했다. 그리고 부직포로 와펜을 만들어 학생들에게 나눠 줬다. 컨셉을 군인으로 정하게 된 계기는 당시 서든어택이라는 게임이 유행 중이었던 것도 이유였지만, 특이한 시도를 하고 싶다는 생각이 컸기 때문이다. 여고이기 때문에 대부분 귀여운 캐릭터를 콘셉트로 잡는다거나 머리핀에 리본을 달아 장식하는 것에 대한 일종의 반항심도 있었다.

포스터는 세계 2차 대전 선전 포스터를 패러디한 솔로부대 이미지를 포토샵으로 수정해 만들었다. 당시 내가 내건 공약은 학교의 강당 건립을 추진하는 것이었는데, 한 아이가 부러운 표정으로 키스하는 연인을 바라보는 이미지에서 키스하는 연인의 사진을 지우고 강당 사진으로 교체했다. '더 이상 부러워하지 말라, 현실이 될 것이다'라는 의미심장한(?) 문구와 함께 기호 1번을 홍보했던 기억이 난다.

기호 1번을 홍보하기 위해 보아의 NO.1의 후렴 개사해 "Your choice NO.1", "집문서 걸고 너를 위해 한 몸 바칠게~"라는 가사를 따라 부르기도 했다. 집문서가 내게 있는 것도 아닌데…. 돌이켜 보면 참 당돌한 가사였다. 당시엔 꽤 재밌었던 농담으로 받아들여져 좋은 반응을 얻었다.

선거운동을 열심히 한 결과 나는 학생회장에 선출될 수 있었고, 1년간 우당탕탕 학생회 활동을 했다. 학생회장으로 활동하면서 기억에 남는 일은 잔반 캠페인을 기획해 실행에 옮긴 것이다. 급식비가 1년마다 인상되어 학생들 사이에서 불만이 터져 나오자 교무실에 민원을 제기하기도 했지만, 아무래도 학교 운영에 대해 학생이 관여할 수 있는 부분은 제한적일 수밖에 없었다. 어쩔 수 없이 학생 입장에서 실천에 옮길 수 있는 것들을 찾아보려고 구상한 것이 바로 잔반 캠페인이다. '잔반 문제를 해결하면 급식에 들어가는 예산을 줄이는 데에 어느 정도 기여할 수 있지 않을까?'라고 생각한 것이다.

모든 학년이 하나의 급식실에서 식사를 하는 우리 학교에서는 1, 2학년 당번들이 배식을 하는 시스템이었다. 정해진 양이 없다 보니 당번들은 대체로 음식을 많이 배식하는 경향이 있었다. 또 대부분의 학생들은 당번과 아는 사이가 아니다 보니 말을 걸기가 부끄럽기도 하고 괜히 튀어 보이기 싫어 배식받은 만큼 가져가 먹을 만큼만 먹고 음식을 많이 남기는 일이 흔했다.

이에 학생들이 조금만 덜어 달라고 요청할 수 있는 문화를 조성한다면 잔반이 줄어들고 배식되지 못한 잔식이 많아질 것이며 나아가 예산을 줄일 수 있을 것이라 예상했다. 잔식이 계속해서 많아진다면 식재료를 덜 주문할 테니 말이다. 이러한 취지를 학생회에 알리고 캠페인을 기획해 배식 시작점에 양이 많으면 덜어 달라고 말해 달라는 팻말을 부착한 뒤 이틀간 덜어 달라고 말하기 캠페인을 시행했다. 그 결과 놀라울 정도로 잔반이 줄어들었다. 배식 시작점의 팻말 하나로 학생들은 덜어 달라고 말하는 것이 이상한 행동이라고 생각하지 않게 된 것이다.

## 꿈이 없었기에 막연하게 좋아하는 일만 했던 대학 생활

나는 학창 시절을 재미있고 유익하게 보냈지만 전공이나 진로에 대해서는 깊이 고민한 적이 없었다. 오죽하면 장래희망을 대통령이라고 썼겠나. (진짜 대통령이 되겠다는 의미보다는 장래희망이 없으니 우리나라에서 가장 권위 있는 직업을 썼을 뿐이다) 재미있는 아이디어를 내고 실천하는 일은 즐거웠을 뿐, 특정한 전공을 선택하는 데에 방향을 제시해 주지는 못했다.

화학공학을 선택한 것은 공학계열 중에서 가장 무난할 것이라는 단순한 판단에서였다. 공학계열을 졸업하면 나중에 직업을 선택하거나 대학원 진학을 하는 데에 있어서 선택 폭이 더 넓을 것이라 생각했다. 그렇게 대학에서도 진로에 대한 막연한 목표도 없이 학교생활을 이어 나갔다. 취업을 위한 스펙 쌓기와는 담을 쌓았다.

그 흔한 자격증 하나도 따지 않았고 언어 공부도 소홀히 했다. 학점 관리조차 하지 않아 성적이 좋지 않았다. 금수저도 아니고 믿을 만한 구석이 있는 것도 아니었는데 지금 생각해 보면 참 무모했구나 싶다.

그 대신 나는 학창 시절부터 좋아했던 아이디어를 내고 실천에 옮기는 일을 하기 시작했다. 우리 학교 공대에 속해 있던 창업동아리에 가입했고, 공대 여학생만 가입 가능한 커뮤니티에도 참여했다. 학교 밖에서는 테크 분야 여성을 지원하는 글로벌 비영리단체의 운영진으로 활동했다. 전공 수업보다는 교양 수업이나 동아리 활동에 더 적극적이었던 나는 여러 활동에 참여하면서 내가 좋아했던 일이 바로 '기획'이었다는 것을 알게 됐다.

## 명랑 소녀의 스타트업 취업기

겨울 방학을 앞두고 평소 관심 있던 스타트업에서 직원을 모집한다는 공고가 떴다. 커뮤니케이션팀을 신설하면서 팀원을 뽑는다는 공고였다. 공학과는 전혀 무관한 직군이었지만 다양한 기획을 할 수 있다는 점과 재밌게 일할 수 있다는 공고 내용이 꽤 마음에 와 닿았고, 무엇보다 해당 팀이 원하는 인재상이 내가 추구하는 모습과 유사하다는 생각이 들어 지원해 보기로 결정했다. 문제는 모집 마감이 바로 이틀 뒤라는 것. 나는 곧바로 자기소개서를 쓰기 시작했다.

자유 양식이라 막막하게 느껴졌지만 오히려 양식에 구애받지 않고 나에 대해 재미있게 소개해 볼 수 있지 않을까라는 생각에 프레젠테이션을 켰다. 그리고 내가 나를 주저리주저리 소개하기보다는 '남들이 봤을 때의 나에 대해 소개하면 어떨까?'라는 아이디어를 떠올렸고 곧이어 주변 사람들 20명 정도에게 "장은진에 대해서 어떻게 생각하십니까?"라고 카톡 메시지를 보냈다. 그리고 그 답변들을 모조리 캡처해 여러 슬라이드로 나눠 첨부했다.

답변은 대체로 잘 논다, 쾌활하다, 사차원이다 등 3가지 키워드 정도로 추려졌고 이를 분류해 저는 남들이 봤을 때 저는 이러이러한 사람이라고 소개했다. 장난이겠지만 몇몇 친구들은 또라이라든지 철이 없는 편이라든지 다소 부정적인 답변을 내놓기도 했지만 필터링하지 않았다(그들은 자신의 답변이 취업을 위한 자기소개서에 쓰였을 거라 상상하지 못했을 것이다). 나의 캐릭터를 더 정확하고 솔직하게 표현할 수 있다고 생각했기 때문이다.

공고도 늦게 확인해 버렸고 취업 준비를 따로 하다가 지원한 것도 아니라서 차라리 색다른 시도로 차별화를 꾀해야겠다는 의도도 있었다. 그리고 내가 생각하는 나에 대해 소개하고 그동안 활동한 것들과 지원하고자 하는 직무를 잘 수행해 낼 수 있는 근거도 나름대로 설명했다. 그렇게 자유로운 분위기의 스타트업이 아니었다면 상상도 못할 자기소개서가 탄생해 버렸다.

꽤 재밌게 읽었다는 팀장님의 연락을 받은 나는 1차 면접을 보러 신촌에서 판교까지 갔다. 합격하리라고 크게 기대하지 않았기 때문에 긴장도 하지 않았다. 이런 모습이 도리어 긍정적으로 받아들여졌는지 꽤나 좋은 분위기로 2차 면접까지 봤고 120명의 지원자를 뚫고 최종 합격할 수 있었다.

30명에 가까운 구성원으로 이뤄진 작은 스타트업인 만큼 개개인이 다양한 역할을 수행해야 했다. 그러한 환경 덕분에 다양한 업무를 주도적으로 기획해 실행할 수 있었고, 결과적으로 단기간에 성장할 수 있었다고 자신한다. 내가 맡은 주 업무는 이용자들이 서비스 내 프로젝트를 잘 수행하도록 소통하고 지원하는 일이었다. 외부 소통뿐 아니라 내부 소통을 위해 사내 문화를 기획하는 일도 도맡아 했다.

소통뿐 아니라 광고 기획을 비롯해 전반적인 마케팅 업무도 담당했으며 해외 사례 스터디나 콘텐츠 제작 같은 일도 주어졌다. 공대 출신이라는 점 때문에 행사장에서 음향기기나 화면을 설정하는 일 같은 간단한 일들도 내게 맡겨지곤 했는데, 공대라서 그런 것을 더 잘 아는 것은 아니라고 했지만 전혀 헤매지 않고 문제를 해결해 머쓱했던 기억이 난다.

## 무작정 떠난 배낭여행에서 도전하는 미래를 그려 보다

회사 생활 중 특별 장학생으로 선정되어 해외 봉사활동에 참여할 기회가 생겼다. 아쉽지만 좀 더 다양한 경험을 접할 수 있는 기회라 생각해 퇴사를 결심한 뒤 봉사활동 팀에 합류했다. 한 달여간 팀원들과 거의 매일같이 모여 프로그램을 준비해 인도네시아로 향했다. 10일간의 봉사활동 후 나는 더 많은 나라를 접하고 싶다는 생각에 남은 휴학 기간 중 일부를 해외에서 보내기로 결심했다. 곧장 몽골행 비행기 티켓을 편도로 구매한 뒤 출국까지 남은

첫 해외봉사활동, 열심히 준비한 만큼 뜻깊은 시간이었다.

한 달여간 아르바이트를 하면서 틈틈이 여행 일정을 구체화했다.

해외여행이라곤 친구와 일본에 잠시 다녀온 것이 전부였지만 지금이 아니면 언제 이런 기회가 있겠나 싶어 겁도 없이 몽골에서 시작해 러시아를 횡단하고, 핀란드, 발트3국까지 혼자 여행하기로 마음먹었다. 몽골에서는 난생처음 사막을 봤고 러시아에서는 4일간 횡단열차를 타기도 했으며 핀란드 이나리에 체류한 이틀간 운 좋게 오로라를 봤다.

2개월을 생각하고 떠나온 여행은 동유럽, 서유럽 대부분의 국가를 돌고 모로코, 홍콩, 마카오까지 다녀오면서 6개월까지 늘어났다. 반년에 가까운 시간 동안 수많은 사람들을 만나고 대화하면서 나는 내가 다소 편협한 시각으로 세상을 바라보고 있었다는 것을 깨달았다. 특히 우리나라보다 여성들의 사회활동이 더 활발한 국가에서 만난 친구들은 한국에서 나고 자라 온 나와 사고방식 자체가 달랐다. 나이에 연연해하지 않고 남의 시선에 개의치 않는 그

내 몸집만 했던 배낭. 허리야 미안해!

들의 모습을 보고 나는 막연한 불안감을 떨쳐 낼 수 있었다. 그리
고 능력을 기르는 데에 더 몰두하고 자신감 있게 도전하는 인생을
살아 나가야겠다고 마음먹었다.


## 창업은 내 운명?


한국에 돌아온 나는 마지막 학기를 보내면서 교양수업으로 창업
강좌를 수강했다. 당시 우리 조는 네 명 중 공대생이 두 명이나 있
어서 아이디어를 구현할 수 있었고, 마지막 발표에는 간단한 프로
토타입을 시연하기도 했다. 좋은 평가를 받은 우리 팀은 교수님의
권유로 교내 창업경진대회에 나가게 됐고 뜻밖에 최우수상을 수상
했다. 그것이 계기가 되어 대기업이 지원하는 창업 보육프로그램

에도 선정됐다.

보육프로그램을 수행하면서 나는 취업을 했다면 얻지 못했을 기회들을 많이 얻었다. 일본, 베트남, 인도네시아 등의 해외 데모데이에 참여해 많은 사람들 앞에서 영어로 발표를 했고, 코트라의 지원을 받아 경제사절단 자격으로 대통령과 차담회도 가졌다. 코트라 이사장님과의 오찬, 대기업 임원분들이 참여하는 프로그램 간담회 등 다소 어려운 자리도 마다 않고 참여해 좋은 인상을 남겼다. 이 과정에서 나는 어려운 자리에서도 여유 있게 농담을 던지며 분위기를 풀어 나가는 법을 자연스럽게 체득했다.

크고 작은 경진대회나 데모데이를 준비하는 과정에서는 좋은 멘토님들을 만난 덕에 나는 사업계획서 작성법을 습득했고 발표

경제사절단으로 참여하게 된
베이징 행사에서

실력도 빠르게 늘었다. 특히 처음 지원한 경진대회에서 본선에 이어 결선까지 진출하면서 곧바로 실습(?)까지 하게 됐는데, 수백 명의 참관객 앞에서 망신을 당하기 싫어 어찌나 연습을 했는지 자다가도 일어나서 제스처 하나, 농담 하나까지 메모할 정도였다.

동시에 유저들을 만나 문제점을 발견하고 아이템에 반영하는 과정을 거치며 프로토타입을 개선하는 데에도 몰두했다. 그러면서 팀원은 7명까지 늘어났다. 8개월간의 프로그램 수행 결과, 후속 지원팀으로도 선정됐지만 재학생과 갓 졸업한 취준생들로 이뤄져 있던 우리 팀은 각자의 입장과 상황이 다른 탓에 자연스럽게 하나둘 해산하게 됐다. 돌이켜 보면 7명이라는 인원을 이끌어 나가기엔 내 역량이 역부족이었다는 생각도 든다.

## 현실적인 이야기

다시 선택의 갈림길에 선 나는 간간히 들어오는 프로젝트를 수행하면서 기사 작성이나 사업계획서, 자기소개서 첨삭 등의 아르바이트를 하며 진로에 대해 고민했다. 취업을 할까 생각하던 차, 대학 시절 틈만 나면 휴대폰 메모에 아이디어 노트를 썼던 기억이 내 머리를 스쳐 지나갔다. 그중 화장품을 소량으로 조제할 수 있는 유화교반기기를 구상했던 메모가 눈에 띄었다. 성인이 된 뒤 기초화장품을 직접 조제해 사용하기 시작하면서 구상했던 아이템이다. 이를 좀 더 구체화해 친구와 모델링 작업을 하고 사업계획

카이스트의 창업보육프로그램을 수행한 뒤, 개발한 시제품을 시연하고 발표하는 모습

서를 작성해 여러 기관에 보냈다.

첫해부터 좋은 반응을 얻어 지원한 모든 기관으로부터 자금을 지원받아 시제품 개발을 시작할 수 있었다. 공대 출신이라는 점은 스타트업 신에서 유리한 점이 많다. 먼저 공상이 아닌 실현 가능한 방향에서 접근을 시작한다는 점과 이를 논리적으로 구체화시킬 수 있는 사고력이 있다. 엄청난 첨단기술을 구현해야 하는 것이 아니라면 학사 출신으로도 사업 아이템을 논리적으로 구체화할 수 있는 지식과 어느 정도 스스로 결정을 내릴 수 있는 여건이 갖춰진다. 그 밖의 일은 도움을 얻어 해결할 수 있다.

그럼에도 모든 게 순조롭지는 않다. 하드웨어를 양산하는 데에는 오랜 시간과 많은 비용이 투입된다. 호기롭게 창업에 도전해 협력사와 공동 사업화까지 추진하면서 시간과 비용을 절감하기는 했지만 계획 밖의 일들로 인해 현실적으로 제품화 일정을 뒤로 미룰 수밖에 없었다. 무엇보다 생계를 위해 계속해서 아르바이트를 해야 했다. 평소 아이디어를 구상하고 구체화하는 것을 즐겼던 나는 사업계획서나 IR자료를 컨설팅해 주는 일들을 했는데, 이 과정에서 여러 기회가 닿아 강의와 멘토링을 하게 됐다.

친화력이 좋은 성격 덕분에 네트워킹 행사를 총괄해 달라는 제안을 받아 행사기획자이자 사회자로서의 커리어도 갖게 됐다. 또한 소상공인 대상의 프로그램 운영안을 기획, 제안해 인터뷰 기사도 연재하고 있다. 최근에는 제품화를 미룬 대신 테스트 매장을 오픈했고, 원래 하던 화장품 사업에서 필요한 서드파티 개발과 소상공인 지원 프로그램을 효과적으로 홍보, 운영하기 위한 랜딩페이지를 기획하면서 알고 지내던 개발 팀장님과 IT업체를 공동 창업해 서비스사업부 기획실장으로도 일하고 있다.

이처럼 정말 각기 다른 다양한 역량을 갖출 수 있게 된 기반은 그동안 누적된 다양한 경험들이라 확실하게 말할 수 있다. "해 본 적 있으니까 할 수 있습니다. 제가 해 볼게요."라고 말할 수 있는 자신감 그리고 새로운 기획과 시도를 두려워하지 않고 할 수 있는 일이라 판단된다면 일단 해 보는 태도는 나의 강력한 무기가 됐다.

지금은 다소 현실에 타협(?)한 어른이 되어 가고 있는 과정에 있지만, 어쩌면 어린 시절 가졌던 특별한 사람이 되고 싶다는 맹랑한 목표에서 비롯된 철없는 생각—평범한 회사원은 되고 싶지 않다는—이 창업이라는 방향으로 나를 나아가게 만들었던 것은 아닐까 생각하기도 한다. 다행히도 불안하지만 도전하는 삶은 아직까지 재미있고 나의 적성에 맞다(근검절약하는 생활습관도 꽤 도움이 된다).

최근에는 평생직장이라는 개념이 사라지고 있고 다양한 역량을 갖춘 N잡러가 뜨고 있다 하니, 내가 가는 이 길이 무모한 도전처럼 느껴지지 않아 다행이라는 생각도 든다. 무엇보다 성공과 실패로 인생을 판가름하지 않고 조급해하기보다 묵묵히 내 길을 걷다 보면 후회 없는 삶이 내 곁에 남아 있을 것이라 자신한다.

나 자신, 파이팅!

# 문과생의
# IT 기업 생존기

정하영

LG유플러스 B2G사업개발팀 책임

서강대학교에 신문방송/국어국문 및 교직 이수를 취득한 후 2008년 LG텔레콤에서 현재 LG유플러스까지 약 15년간 근무하였다. 서비스 기획 및 개발부터 신사업 발굴, 국책과제 발굴 및 수행, 통신 관련 학회 네트워킹 등의 업무를 수행해 왔으며 현재 B2G사업개발팀에서 자사의 신기술과 적용 사례 등을 함께 발굴하고 홍보하는 등의 업무를 진행하며 여성 후배 양성에 힘쓰고 있다.

시작부터 커밍아웃(?)을 하자면 나는 문과대 출신이다. 처음 제안을 받았을 때 '내가 이곳에 글을 쓰는 것이 맞는 것일까?'라는 근본적인 고민부터 이 글을 쓰면서 많은 공대생들에게 어떤 영감을 줄 수 있을까, 오히려 폐가 되진 않을까 여러 고민을 해 볼 수밖에 없었다. 결과적으로 문과생인 내가 IT 조직에 몸담고 있으면서 겪었던 경험, 관점이 개발자나 네트워크 전문가 혹은 그 밖의 다른 조직 구성원으로서 진로를 고민하고 있는 여러 사람들에게 다른 각도로 시야를 넓혀 주는 것, 그리고 이것이 어쩌면 간접/사전 경험으로서의 도움이 될 수도 있지 않을까를 기대하며 몇 자 적어 보려 한다.

## 문과 에이스, 회사 들어와서 쭈구리(?) 되다

나는 소위 말하는 문과대 탑5였다. 매 학기 성적장학금은 물론 복수전공하고 있던 국문과에서도 성적이 상위권이라, 몇 안 되는 확률의 교직 이수까지 수료할 정도였다. 나름 근거 있는 자신감은 하늘을 찔렀고 이는 회사에서도 당연히 지속될 줄 알았다.

공채 응시를 단 한 번에 합격한 LG유플러스라는 통신사. 나는 마케팅팀에 들어가고 싶었으나 서비스를 기획, 개발하고 배포하는 사업팀에 배정되어 '개발'이라는 작업을 직간접적으로 경험하며 소위 '멘붕'이라는 것을 얻었다.

내가 그린 서비스 신은 개발 관점에서 대부분 구현 불가능한 것이었고, 개발팀과 타협을 하다 보니 처음에 그렸던 유니콘은 어느

새 당나귀가 되어 있었다. 한마디로 내가 몽상가였다면 개발팀은 현실주의라고나 할까? 이렇게 내 나름의 고객을 위해 그려 낸 서비스 신들이 개발 측면에서 구현이 어려운 경우는 다반사였고 개발팀과 협의 혹은 항의를 하려 해도 낯선 개발 용어, 개발 로직 등을 접하며 당당했던 나의 자신감은 이미 안드로메다로 향했다.

## 개발팀과 함께 춤추다?

이대로는 안되겠다 싶어 나도 공부 아닌 공부를 시작했다. 컴퓨터 공학을 전공하고 수년간 개발을 해 온 전문가들만큼의 지식은 당연히 어렵겠지만 적어도 소통을 할 때 동등해지고 싶었다. 내가 원하는 신의 구현이 어려운 경우는 해외 사례를 찾고, 나부터 이게 개발 적으로 구현이 될 수 있는 방법인지에 대해 고민하기 시작했다.

어느 정도 노하우가 쌓이니, 서로 다른 나라 출신인 듯 외국어를 쓰는 것 같았던 기획 조직과 개발 조직이 말이 통하기 시작했다. 개발자의 입장에서도 '구현' 관점만이 아닌 이 서비스가 출시되었을 때 사용하게 될 실제 사용자들의 '편의' 관점에서 그려진 기획서를 검토하는 일이 번거롭고 피곤했겠지만, 나름 그들의 입장과 언어를 이해하고 소통하려는 우리의 노력이 가상했던 걸까. 우리와 함께 머리를 맞대고 연구하게 되었다.

지금 우리 회사는(부문마다 각기 조금씩의 차이는 있겠지만) 사업팀과 개발팀이 벽을 두고 따로 움직이지 않는다. 유기적인 조직으로 서비스를 기획하고 개발하고 영업까지 서로 한 몸이 되어 움직인다. 기획과 개발이 상호 협력하여 원하는 서비스를 기가 막히게 개발 해 놓으면 무엇 하는가? 이를 팔아 주는 사람들이 서비스를 명확히 이해하고 팔기 위한 노력을 하지 않는다면 그건 말 그대로 무용 지물이 된다.

매출, 영업 이익을 따로 떼어 놓고 회사 운영을 생각할 수 있는 곳은 없을 것이다. 이러한 관점에서 서비스의 기획, 개발, 영업/ 마케팅 영역 간의 진정성 있는 소통과 유연한 조직 운영, 빠른 실행 능력이 없다면 결국 잘 만들어진 마스터피스라도 보물 상자에 갇혀 빛을 못 보게 될 것이다. 개발 조직, 서비스 기획 조직, 그리고 이를 고객에게 소개하고 판매하는 영업/마케팅 조직이 서로의 역할과 존재를 인지한 채, 유연한 소통 관계를 만들고 유지하는 것이 매우 큰 관건인 것이다.

나는 이러한 역동적이고 유연한 조직의 모습을 '춤을 추는 모습' 으로 표현하고 싶다. 언젠가 TV에서 10여 명 정도 규모의 한국 스트리트 댄싱 크루가 미국의 유명 오디션 프로에서 마치 물 흐르는 듯한 군무로 심사위원들의 넋을 빼놓은 장면을 본 적이 있다. 굳이 그 장면과 회사의 업무를 직접 비교하는 것은 무리 혹은 어폐가 있을 수 있겠으나, 내가 생각하는 이상적인 조직이란 바로 그 크루들의 춤과 같이 따로 또 같이, 자신의 파트에 집중하면서 전체의 어우러짐을 볼 줄 아는 팀워크 그 자체가 아닐까 싶다.

이 글을 읽고 있는 독자 중 IT 기업에 관심이 있는 이공계열의 학생들이 있다면 AI, Big Data, Cloud, 메타버스 등 기술적 역량을 기본 소양으로 갖춘 가운데, 진정한 고객 가치를 구현할 수 있는 서비스의 기획부터 론칭, 그리고 그 서비스가 고객에게 잘 알려져 적절히 소비되기 위한 전반적인 그림을 염두에 두고 많은 경험을 쌓으면 좋지 않을까 생각해 본다. 실제로 고객 가치 구현에 기반을 둔 서비스의 핵심 기능을 개발 조직에서 제안하는 경우도 적지 않은 요즘이기 때문이다.

## 나는 결국 회사 내 외교관이 되기로 했다

현재 나는 10여 년간의 기획 업무를 떠나 정부 기관이나 학회 등 외부 주요 기관에 우리 회사 및 서비스를 홍보하는 역할을 하고 있다. 동시에 회사 내에서는 상품을 기획, 개발하는 사업팀과 이를 소비자에게 판매하는 영업팀 간의 가교 역할을 하기 위해 노력하고 있다. 어느 회사나 각자의 업무에 몰두하다 보면 시야가 좁아지고, 소통이 막히게 되면 훌륭한 결과물을 얻어 내기가 쉽지 않을 것이다. 기획과 개발 등 상품을 출시하는 과정을 많이 겪어 본 나로서는 이러한 '소통'이 얼마나 중요한지 잘 알고 있다.

따라서 하나의 상품을 만들어 내는 것부터 판매하는 것까지 원활하고 적극적인 커뮤니케이션이 일어날 수 있도록 노력하고 있다. 특히 신규 상품이 출시될 때나 혹은 정기적인 일정을 잡아 영업 사원들에게 상품을 소개하고 교육하는 과정 또한 내가 지난 몇 년간 진행했던 일이다. 회사 차원에서도 주기적으로 조직 간의 미팅을 통해 서로의 입장과 니즈를 이해하는 등 많은 변화가 일어나고 있다.

## IT업계, 문과와 이과의 경계는 없다

통신사에서 서비스가 나오려면 고객 조사에서부터 서비스 콘셉트를 잡고 그 후 서비스 기획, 개발팀과의 논의를 통한 상세 기획, UI/UX 기획 및 실제 개발의 프로세스가 진행된다. 개발이 착수되면 기획팀은 손을 떼는 것이 아니라 우리가 원하는 방향으로 실제 개발이 이루어지고 있는지 주기적인 회의와 소통을 해야 한다. 당연히 기획 쪽에서는 개발 지식이 전혀 없다면, 개발팀에서는 서비스 콘셉트와 트렌드에 대해 무지하다면 서로 소통이 이루어질 수 없는 것이다.

앞서 언급한 바와 같이 이를 위해 나는 개발 용어에 대한 공부는 물론 해외 사례들을 찾아 실현 가능한 서비스 신인가를 찾아보았고, 개발팀 역시 개발적 관점 외에도 타사나 해외 사례 등을 적극 알아보며 유기적으로 움직였다. 결국 하나의 서비스를 만드는 데 있어서 각자의 역할을 분리하는 순간, 서비스가 만들어져도 모래성처럼 한순간에 무너질 수 있는 위험이 있다는 것이다.

IT업계, 적어도 내가 일하는 통신사의 서비스 개발에 있어서 문과와 이과의 경계는 없다는 생각이 조심스레 든다. 공대생이 아니어도, 남성이 아니어도 공학 분야에서 여성이 할 수 있는 일은 많다. 서로의 경험과 가치관을 바탕으로 가치를 증대화하고 공존한다면 더욱 큰 도약을 할 수 있지 않을까 믿어 의심치 않는다.

정답은 없겠지만 앞서 언급한 바와 같이 통신업에 관심이 있는 이공계열 학생들이라면 이 글을 통해 본인의 분야에 몰두하여 전문성을 갖추는 것과 동시에 전체적인 그림, 즉 숲을 보려 할 것과

이를 위해 사업적 관점이나 사회적 트렌드를 결코 놓치지 말라고 조심스레 조언해 주고 싶다. 내가 문과생으로서 이곳에서 내 길을 찾았듯, 상대성과 다양성을 존중하며 변화를 두려워하지 않고 과감한 도전을 할 수 있는 사람이 어느 곳에서든 인정받을 수 있는 시기가 바로 요즘이 아닌가 조심스레 생각해 본다.

김정숙 박지성 이규진 임미소 조수정 최원희

# Part 4

# 화합

여성 공학인, 우린 함께이기에

# 꿈의 실현,
# 혼자가 아니었기에 이룰 수 있었다

김정숙
㈜이드건축사사무소 대표이사

인하공업전문대학 건축과 졸업 후 2004년 건축사 자격을 취득하였으며, 2012년 인하대 대학원 건축계획 석사를 마치고, 2010년 인하공업전문대학 건축과 겸임교수로 활동을 시작했다. 2004년 IGA건축사사무소를 개소 후 2008년 가인빌딩으로 인천시건축상(장려)을 수상했으며 현재 ㈜이드건축사 사무소로 법인 전환 후 대표이사로서 건축 작품 활동을 하고 있다. 공공건축물 현상설계를 통해 디자인 활동을 하고 있으며, 당선작으로는 2015년 '맞춤형주거지원서비스' 임대주택, 2020년 고려장터 조성사업, 2021년 반포면행 정복지센터 외 다수의 입상작들이 있다.

# 나에게 가족은 가장 값진 보물

고등학교 시절 어떤 경험에 의해서인지 지금은 기억도 나지 않는다. 아마 드라마 등의 영향이지 않을까 싶다. 수학을 좋아하는 여학생이다 보니 당연 이과를 지원했고 이과에서 무엇을 전공할까 고민하다가 건축을 선택했다. 성적 때문에 전공과 상관없이 지방대를 가려 했지만, 엄마와의 기 싸움에 지고는 전문대 건축과를 지망했다.

대학을 가서는 짧은 대학 시절을 즐기기보다는 열정적으로 건축을 공부했다. 건축 동아리 활동을 하면서 작품 활동을 했고, 그렇게 대학 시절이 끝나고 바로 지도교수님의 추천으로 설계사무실에 입사를 했다.

모시던 소장님은 건축 잡지에 기고를 하고 해외 전공 서적을 번역하는 등의 다양한 활동을 하시면서 젊은 건축가로 알려지신 분이었다. 그분 밑에서 건축을 재미있게 하기 시작했다.

그러던 어느 날 대가의 꿈을 이루기 전 건축을 함께할 수 있는 파트너, 즉 남편을 만났다. 심지어 소장님, 실장님과 가족이 되었다. 삼 형제가 운영하는 아뜰리에 사무실이었기 때문이다. 그렇게 남편을 일찍 만나 어린 나이에 결혼을 하고 남편과 함께 건축을 하기 시작했다.

이른 결혼과 출산으로 과연 건축을 계속할 수 있을까에 대한 고민을 하기도 전에 첫아이를 출산했고, 시어머님께서 흔쾌히 아이를 돌봐 주신다 하셔서 계속 사회생활을 하며 건축 경력을 쌓아 갈 수 있었다.

4년 후 다시 둘째 아이가 생겨 일을 하는 데 어려움이 있었다. 그래서 사무실을 퇴사하고 육아와 함께 건축사 시험공부를 하는 걸로 계획을 바꿨다. 이번엔 친정어머니께서 둘째 아이를 돌봐 줄 테니 공부에 전념하라고 하셨다.

결국 나는 아이들을 친정엄마에게 부탁하고 한 달에 한 번 아이를 보러 가며 생이별을 하면서 시험공부에 집중했다. 시험은 한 번에 합격하지 못해 3년이라는 시간 동안 계속 아이와 이별을 하며 친정어머니의 도움을 받아야 했고, 그 덕분에 마침내 2003년 건축사자격증을 취득했다.

자격증을 취득하고 나서는 바로 남편과 함께 건축사사무소를 개소했다. 육아를 병행하며 직장 생활을 하는 것은 눈치 아닌 눈치를 보아야 하기에 대표의 길을 선택한 것이다. 또다시 4년이 흘러 아들만 둘인 것과 아이를 내 손으로 키우지 못한 아쉬움으로 다시 셋째를 계획하고 이쁜 딸아이를 출산했다.

딸아이를 출산했을 때는 '이 아이는 정말 내가 잘 키워야지!'라는 마음이었지만, 다시 한 달 만에 둘째 형님이 조카들을 돌봐 줄 테니 동서는 그 좋은 능력을 묵히지 말고 다시 사무실을 나가라고 권유했다. 가족이 함께 일을 하다 보니 남편과 시숙의 바쁜 형국을 형님이 보시고 배려해 주신 것이다.

이제 와 생각해도 난 정말 가족들의 넘치는 내조를 받으며 일을 했다. 아이 하나도 돌봐 주지 않으면 할 수 없는 사회생활을, 가족들이 모두 발 벗고 나서 주신 덕분에 잘 해낼 수 있었던 것이다. 그 덕에 경력 단절 여성이 아닌 출산과 육아를 병행하며 건축사로서 자리매김할 수 있었다.

## 끝나지 않은 학업에 대한 열정

몇 년의 시간이 흐르고 이젠 공부에 대한 욕심이 생겼다. 셋째 아이를 임신한 채 6개월 동안 학교생활을 하며 학사 학위를 취득하였고, 바로 대학원을 갈 준비를 했다. 하지만, 대학원 입학을 결정하기엔 아이 셋을 키우는 아이 엄마이며 사무실을 운영하는 대표로서 쉽지 않은 상황이었다. 사무실은 수주가 안 돼 경제적 어려움에 처해 있었다.

그때 나는 남편에게 오히려 사무실 일이 많지 않으니 이 기회에 난 공부를 더 하겠노라고 선전 포고를 했다. 다행히 남편은 흔쾌히 허락해 주었으며, 열심히 해 보라며 적극적으로 지원해 주었다. 그 덕에 사무실은 잠시 남편이 모두 운영하도록 넘기고 인하대 대학원의 구영민 교수님 연구실에서 2년 동안 연구실 생활을 했다.

아직도 대학원 입학 면접 때 교수님의 질문이 생생히 기억난다. "아이가 셋이라고요? 사무실도 운영하고요? 가능하겠어요?" 내 대답은 "네, 가능합니다. 열심히 하겠습니다."였다. 이렇게 연구실 생활을 시작했고 나보다 12살 이상 차이 나는 학생들과 함께 지냈다. 언어의 장벽을 넘지도 못하는 상황에서 러시아에서 논문 발표라는 것도 해 보고 정말 열심히 했다.

연구 활동도 열심히 했고 자식 같은 후배들을 챙겨 주면서 함께 지냈다. 이렇게 연구실 후배들, 지도교수님과 끈끈한 관계가 형성되었고, 지금은 지도교수님과 함께 사무실을 운영하고 있다. 정말 내 인생에 있어서 가장 값진 것을 얻었다.

2011년 러시아 포럼 발표 후 단체 사진

2010년 연구실 생활의 시작과 동시에 인하공업전문대학 지도교수님이 후배 양성을 해 보면 어떻겠냐고 제안하셨다. 깊은 고민 끝에 좋은 기회라 생각했고 그때부터 지금까지 대학에서 학생들에게 건축설계를 가르치고 있다. 내 인생에 있어서 대학원을 들어간 건 남편 표현에 따라 신의 한 수라고 생각한다. 그때부터 내 인생은 더욱 탄탄대로로 이어졌다.


## 그 열정으로 얻은 나의 자리


이렇게 살아온 나를 옆에서 지켜보던 딸아이가 물었다. 엄마는 살면서 슬럼프가 없었냐고. 그때 "슬럼프? 슬럼프가 뭘까?"라고 이야기하며 웃었다. 그런 건 정말 나에겐 사치였다. 나이 오십을 넘기며 이제야 내가 살아온 길을 뒤돌아보았고, 참 열심히 살았다고 나 스스로를 칭찬해 주었다.

세 아이는 이제 훌쩍 커서 모두 성인이 되었다. 두 아들은 부모의 강요가 있었던 것도 아닌데 큰아들은 건축공학을 전공하고 건설회사에 입사해 자리매김하고 있다. 둘째 아들 또한 건축학과를 다니고 있다. 아이들을 보면서 더욱더 잘 살았다는 생각을 한다. 엄마와 아빠는 지금 현실 세계에서 힘들어하고 있지만, 아마도 아이들의 눈에는 건축이 마냥 좋고 멋있게 보였나 보다. 두 아들은 내가 건축에 막 입문했을 때처럼 건축을 나름 즐기고 있다. '이 정도면 난 사회에 건축가로서 할 만큼은 한 거 아닌가?'라는 생각을 한다.

## 가족에게 받은 사랑을 후배들에게

하지만, 요즈음 드는 생각은 '과연 내가 잘하는 것은 무엇일까?'라는 생각이다. 이젠 내가 잘하는 걸 해야 하지 않을까?

어떻게 보면 꾀가 나는 걸까? 아직 그러기에는 이른 나이일 수도 있지만, 건축에 입문한 지 수십 년이 넘어선 작금에는 좀 정리를 하고 다듬어 가야 하지 않을까 싶다. 그동안은 열심히만 했다. 이것저것 닥치는 대로 했다. 하지만, 이제 나도 건축계에 기성세대로 접어들면서 막 시작하는 후배들에게 모범이 되고 탄탄한 길을 만들어 주고 싶다.

건축이라는 게 사건사고가 발생하면 바로 법이 강화되고 규제가 늘어난다. 화재가 발생하면 기존 기준보다 더 강화된 재료를 사용해야 하고, 건축물이 무너지면 구조보강은 더욱 강하게 해야 하며, 요즘은 지구온난화로 인해 탄소저감대책을 세우기 위해 건축물 설계 시 녹색건축물에 대한 부분을 적용한다. 업계에서는 이런 강화되고 규제되는 부분들 때문에 일하는 게 너무 힘들다고 하소연한다. 책임 소재를 묻는 경우도 다반사다. 이러한 현실은 건축하기 싫다는 말들을 입에 달고 살게 만든다.

그러나 기성세대들이 이렇게 나약한 모습을 보이면 지금 막 시작하는 후배들은 어떻게 하나! 신진 건축가들은 내가 그랬듯이 지금 꿈에 부풀어 건축을 하고자 하는데 기성세대가 힘을 빼서는 안 된다. 그래서 잠시나마 부렸던 꾀와 푸념이 좀 창피해졌다. 다시 현실을 직시하고 마음을 다잡아 열심히 뛰어 보고자 한다.

이젠 강의 경력 10년이 넘으니 새내기였던 제자들이 어엿한 사회인이 되어서 활동하고 있다. 그런 모습을 보니 힘들다고 엄살부리며 그만두려 했던 강의를 접을 수 없어 아직도 하고 있다. 다른 일로는 도시재생 관련 마을 만들기 사업의 총괄기획가 역할을

2021년 준공작 〈Sel+Roasters〉

하고 있으며, 공공건축물 현상설계 및 인천시 공공건축가로의 역할을 하고 있다. 공공건축가란 말 그대로 공공건축물에 대한 디자인을 검토하고 가이드해 주는 역할이다.

이외에도 (사)인천건축재단 이사, (사)대한여성건축사회 이사, (사)인천여성도시환경연구원 이사로 활동하며 전문직 여성으로서의 자리매김을 할 수 있는 단체에서도 활동을 하고 있다. 이런 나의 삶이 건축을 시작하는 여학생들에게 멋진 여성 건축가로 보이길 바란다. 실상은 힘들게 일하고 있는 한 명의 전문직 여성이지만….

나의 존재로 인해 함께 꿈을 키우고 실현해 나가길 바랄 뿐이다.

# 나의 딸에게,
# 그리고 누군가의 딸에게

박지성

SK이노베이션 환경과학기술원 Green전환기술센터 PM

인하대학교에서 화학공학을 전공하고 동대학원에서 화학공학과 전공, 에너지공학 부전공으로 석사를 졸업하였다. Watch 21, WISE 멘토단 활동을 통해 다양한 선후배 여성 공학인들을 만나 성장해 왔으며, 저서로는 「who' the next」가 있다. 현재는 SK 이노베이션에서 미래 세대를 위한 지속가능한 기술에 대해 끊임없는 고민하는 12년차 연구원이다. 박사 학위는 없지만 딸에게만큼은 모든 걸 다 아는 척척박사 엄마가 되고 싶기에 매일 세상을 배워 가는 중이다.

# 삼인행(三人行) 필유아사언(必有我師焉)

『논어』에 나오는 말로, '행인이 셋이면 그중 하나는 나의 스승이 있다', 즉 누구나에게나 배울 것이 있다는 의미이다. 처음 집필 의뢰를 받았을 때 내가 무슨 도움이 될까 싶기도 했지만 나도 누군가에게 도움을 줄 수 있다는 생각으로 걱정 반 기대 반으로 집필 의뢰를 승낙했다.

나의 경험이 타산지석이 될지라도 나의 짧은 글도 어느 누군가에게 도움이 될 수 있다면 좋겠다는 생각에 무슨 말을 써야 할지 고민하는 시간도 참 길었던 것 같다.

『세상을 바꾸는 여성엔지니어』는 나에게 뜻깊은 책이다. 내가 이 책을 처음 만났을 때는 막 첫 번째 시리즈가 발간되었을 때였는데, 당시 나는 막 공대에 발을 들인 학생이었고 나도 언젠가 누군가가 롤모델로 삼을 만한 멋진 엔지니어가 되고 싶었다. 책을 읽으며 멋진 선배님들의 발자취를 따라 걷는 상상을 하였기에 포기하지 않고 달려올 수 있게 되었던 것 같다.

'세상을 바꾼다고? 내가? 과연 그럴 수 있을까? 나도 누군가에게 이런 동기 부여를 줄 수 있는 사람이 될 수 있을까?' 생각하며 달려온 지금은 고장 난 모든 물건을 다 고치는 만능 엔지니어로 알아주는 딸 덕분에 나의 꿈을 어느 정도는 이룬 것 같기도 하다. 지금은 처음 Who's the NEXT 집필 의뢰를 받았을 때와는 다르게 엄마로서 딸에게 편지를 쓰는 마음으로 글을 쓴다고 생각하며 글을 쓰고 있다.

## 공학도의 인생으로 이끈 책

　어린 시절부터 나는 과학을 좋아했다. 장영실 위인전을 읽고, 최무선 위인전을 읽으며 과학과 화학에 대한 막연한 동경이 시작되었고, 들판을 뛰어다니는 곤충들과 개구리가 친구였고 날아다니는 새를 만져 보고 싶어 했던 어린 시절의 호기심은 나를 자연스럽게 과학과 친구가 되게 해 주었다. 취업이 잘된다, 연봉이 높다는 주변 사람들의 추천과 함께 자연스럽게 화학공학을 선택한 내가 처음 만난 연구소의 모습은 엔지니어에서 연구원으로 장래희망을 바꾸게 된 계기가 되었다.

　나는 딸에게 책에는 많은 것들이 있다고 이야기한다. 엄마는 책에서 모든 것을 알게 되었다고 말해 준다. 이 글을 읽는 이들도 책을 읽으며 내가 경험하지 못한 인생을 간접적으로 살아 보길 바란다. 우리에게 주어진 시간은 너무나 한정적이고, 모든 경험을 할 수 없기에 책을 읽으며 내가 주인공이라면 어떤 의사결정을 했을까 생각해 본다면 세상을 바라보는 시야가 더 넓어질 수 있다. 내가 만약 어린 시절 다른 장르의 위인전을 더 많이 읽었다면, 어쩌면 나는 지금 다른 인생을 살고 있지 않을까 하는 생각도 든다.

## 사회적 가치를 높이는 일

　어린 시절부터 과학과 자연에 관심이 많았던 내가 선택한 전공은 화학공학이었다. 대학원 석사 과정 연구 테마 또한 지구 온난

화의 주범인 이산화탄소를 자원으로 활용하는 CCS였다. 온실가스로 광촉매를 만들어 solar cell(태양전지)의 원료로 활용하는 연구를 하며 내가 하는 연구가 과연 현실에 적용이 될까 하는 의구심도 많이 들었지만, 에너지와 환경에 대한 관심은 더욱더 커져서 에너지공학을 부전공으로 석사 과정을 졸업했다.

다행스럽게도 회사에 와서 내가 처음 한 일은 이산화탄소가 가장 많이 배출되는 화석연료인 석탄을 활용해 청정연료로 만드는 프로젝트였다. 이산화탄소를 줄일 수 있는 다양한 기술들을 탐색하느라 밤을 새워도 시간이 부족했던 그때는 내가 더 많이 알지 못하는 것에 대해 답답함을 느끼기도 했었다.

현재의 나는 조금 더 적극적으로 이산화탄소 발생을 줄이는 일을 한다. 아스팔트 도로를 포장할 때의 재료는 돌과 석유정제를 통해 얻어지는 검은 액체인 아스팔트이다. 이 둘을 160도가 넘는 높은 온도에서 섞어서 도로 포장체를 만드는데, 그때 사용하는 연료를 줄이는 기술을 개발하는 것이다. 또한 동시에 장마철에 많이 발생하는 포트홀(도로가 물로 인해 파손되어 떨어져 나가는 웅덩이로 차량 파손으로 인해 교통사고 발생을 높인다)을 줄이는 기술을 개발하고 있다.

"엄마는 무슨 일을 해?"라는 아이의 질문에, 엄마는 도로를 튼튼하게 만들고, 도로를 만들 때 에너지를 적게 사용하는 일을 한다고 말해 준 이후로 사람들에게 "우리 엄마는요~"라고 시작하는 엄마 자랑을 늘어놓는다는 아이의 선생님들을 만날 때마다 얼굴이 빨갛게 달아오르기도 하지만, 내가 하는 일이 사회 공공재인 도로를 더 안전하게 하고 에너지 사용량을 줄여 이산화탄소의 배출을 줄여서 사회적 가치를 높이는 일이라고 생각하니 연구원이라는 직업을 선택하기를 잘했다는 생각이 든다.

석사 과정에 있을 때 막연하게 내가 하는 연구가 현실에서 도움이 될까 염려하던 생각이 지금은 현실이 되어 있다는 것이 얼마나 짜릿한 일인지 이 책을 읽는 이들에게 알려 주고 싶다.

### 서두르지 말되 멈추지 말라(Sin prisa pero sin pausa)

나는 늘 조급한 사람이었다. 남들보다 가진 것이 없이 태어났기도 했고, 내가 만난 많은 여성 엔지니어 선배들은 보통 사람들과는 달리 특별해 보였다. 그녀들만큼 노력해야 하는 게 아닌가 하는 생각에 스스로에게 엄격하기도 했고, 남들과 비교하며 스스로를 깎아내리기도 했었다. 지나고 보니 그런 생각들은 나에게 전혀 도움이 되지 않았고, 오히려 스스로 더 힘들게 만들었다.

그러다 어느 날, 스페인어로 'Sin prisa pero sin pausa'라는 문구를 만났다. 서두르지 말되 멈추지 말라. 이솝우화『토끼와 거북이』의 거북이처럼 멈추지 않고 꾸준히 한다면 서두르지 않아도 원하는 목표에 닿을 수 있다는 말이다. 이 말을 처음 들었을 때, 늘 일과 육아에 쫓기듯 살던 나의 마음이 편안해지는 것 같았다.

조급하고 예민한 기질을 타고난 나를 꼭 닮은 딸에게 자주 이야기하는 말이기도 하다. 처음부터 잘하는 사람은 누구도 없다. 어렵고 힘든 순간을 이겨 내기 위해 그리고 내가 원하는 능력을 갖기 위해서는 꾸준해야 한다. 조급하게 마음먹고 잘하려고 하면 오히려 포기하기 쉽다. 서두르지 말고 다만 멈추지도 말고 무슨 일이든 꾸준히 하자.

아이를 낳고 육아와 일을 병행하면서 한동안 나의 정체성과 내 시간에 대해 고민을 오랫동안 하였다. 그리고 내가 나의 미래를 위해 어떤 것을 하면 좋을지 궁리 끝에 2017년부터 지금까지 화상으로 하는 외국어 수업을 꾸준히 진행 중이다. 다른 이들처럼 예습을 할 시간도, 배운 것을 다시 복습할 시간도 부족하지만 쉬지 않고, 멈추지 않고 꾸준히 한다면 언젠가는 내 생각을 외국어로 자유롭게 표현할 수 있게 되리라 믿고 매주 3회 하루에 15분씩 하는 수업을 열심히 듣고 있다.

그렇게 총 8권의 교재를 1권부터 시작해서 벌써 8권이 다 끝났다. 선생님이 가르친 학생 중에 8권을 다 마친 학생은 내가 유일하다고 한다. 8권의 교재를 수업하면서 나의 외국어 실력이 유창해지지는 못했지만 이젠 제법 읽고, 이해하고, 선생님의 질문에 대답을 하는 정도의 실력을 갖게 되었다. 언젠가 이런 글을 우리말이 아닌 다른 언어로 쓸 수 있을 때까지 나는 어학 공부를 멈추지 않으려고 한다.

영어가 아닌 다른 외국어를 능수능란하게 구사하는 사람들은 생각보다 많이 있어서 그들은 늘 나에게 동기 부여가 된다. 언어라는 툴(tool)을 많이 가지고 있을수록 내가 접근할 수 있는 정보의 영역이 넓어진다는 것을 알기에, AI가 발달하고 번역기가 만연해서 외국어 공부는 필요 없다고 주장하는 사람들 사이에서 언어 공부의 필요성에 대한 나의 가치관은 지금도 변하지 않는다. 어학은 목적이 아니라 수단으로 필요한 기술이라 생각한다.

그뿐 아니라 아직 7살의 딸이 자신이 모르는 세상의 많은 것들을 물어볼 때마다 의도치 않게 모든 것을 척척 대답해 주는 모든 것을 다 아는 사람이 되어 버린 지금은 혹시라도 딸이 새로운 것을 물어볼까 봐 아직도 틈틈이 공부를 한다. 게다가 나는 자고 일어나면 새로운 기술이 개발되는 시대를 살아가는 연구원이기 때문에 쉬지 않고 배워야만 앞으로 나아갈 수 있다.

## 경청과 공감이 배려의 시작이다

나의 지도교수님이 운영하시던 연구실의 실훈은 '배려'이다. 우리는 누군가와 함께 일하고 살아가는 유기체이기에 나만 생각해서는 아무것도 이룰 수 없다. 유기적으로 일하기 위해서는 다른 이들을 배려해야 한다. 배려를 하기 위해서는 상대가 원하는 것을 알아야 하고, 그것을 알기 위해서는 먼저 상대의 이야기를 들어야 한다. 단순히 귀로 듣는 물리적인 행위를 의미하는 것이 아니다. 마음을 열고 상대의 이야기에 공감을 해야지만 비로소 상대를 배려할 수 있게 되는 것이다.

회사에서 한 기업의 구성원으로, 연구소의 연구원으로, 팀의 팀원으로 일하게 되면서 더더욱 협업이 얼마나 중요한 것인지 느끼게 되었다. 내가 혼자서 할 수 있는 일은 많지 않다. 그렇기에 누군가와 항상 협업을 해야 하고, 공동의 목표를 달성하기 위해 때로는 나의 의견을 주장해야 할 때도 있다. 그러나 상대의 의견을 경청하고 공감하며 배려하는 자세로 일을 대할 때 목표하는 바를 이루기가 더 쉽다.

세상에는 내가 가지지 못한 것을 갖고 있는 많은 사람들이 있다. 어떤 이들은 그들을 부러워하고 시샘하고 시기하기에 급급하지만 그 사람들을 내 편으로 만들고, 나의 자산으로 활용하여 내가 하지 못하는 것들을 그들로부터 얻는 것이야말로 중요한 삶의 지혜이다. 과거의 나처럼 학생들이 이 글을 읽는다면 반드시 이 한 가지는 꼭 알아주었으면 한다. 나는 완벽하지 못한 인간이기 때문에 누군가의 도움을 받아야만 하고, 그럴 때 내게 도움을 줄 수 있는 인적 자산이 많으면 많을수록 내가 목표한 바를 달성하기가 더욱 쉽다는 것을 말이다.

그리고 내가 남에게 도움을 받으려면 도움을 줄 수도 있는 사람이 되어야 한다. 나는 지금도 내가 누군가에게 도움이 될 수 있는 사람이 되기를 바란다. 인간은 혼자 살지 못하기에 서로 기대는 형태의 人이라는 상형문자로 표현되지 않는가.

## 지지위지지부지위부지시지야(知之爲知之不知爲不知是知也)

『논어』에 나오는 말로, '아는 것을 안다고 하고, 알지 못하는 것을 알지 못한다고 하는 이것이 참으로 아는 것이다.'라는 뜻이다.

사람들은 누구나 강점과 단점을 가지고 있다. 결혼을 하고, 아이를 키우면서 간혹 배우자에게 또는 아이에게 어떤 행동에 대한 개선의 잔소리를 하던 내가 어느 날 '나는 왜 이 상황을 견디지 못할까?' 하는 생각으로 나를 돌아보게 된 시간이 있었다. 나에게도 내가 원치 않는 단점이 있다. 그리고 나는 스스로 그 단점을 극복하고자 많은 시간 노력하고 있으나 나의 노력에도 불구하고 쉽게 고치지 못하고 있었다. 그런 내가 상대방을 바꾸려고 애쓴다는 것이 얼마나 비합리적인 모습인가를 깨닫게 된 이후로 나는 모두에게는 각자의 입장과 사정이 있다는 것, 그리고 단점은 자의로든 타의로든 쉽게 고쳐지지 않기 때문에 단점을 개선하려는 노력보다 강점을 강화하는 것이 훨씬 효율적이라는 생각을 하게 되었다.

지금 이 글을 읽고 있는 미래의 여성 엔지니어들에게 지금부터라도 나의 강점이 무엇인지, 내가 남들보다 독보적으로 잘할 수 있는 나만의 무기가 무엇인지를 찾는 것에 집중하라고 이야기해 주고 싶다. 나의 단점을 인정하고 강점을 아는 것이 공자가 말하는 '지지위지지부지위부지시지야'가 아닐까? 우리는 모두 자신만의 강점을 가지고 있다. 자신이 남들보다 뛰어난 강점이 있다는 것을, 그 강점을 발휘하면서 눈부시게 성장해 나갈 미래의, 그리고 현재의 여성 엔지니어들이 꼭 기억해 주었으면 한다.

앞으로 엄마가 되어 나와 같은 많은 시행착오를 겪으며 인생을 살아갈 많은 여성 엔지니어들이 "여성"이라는 수식어 없이 엔지니어로, 공학인으로 남들과 비교하지 않고 스스로와의 싸움에서 이기며 더 멋지게 성장하길 바란다. 또한 본인의 영역에서 강점을 아낌없이 발휘하길 바란다. 마지막으로 나 또한 지금은 일과 육아의 두 가지 직업을 가지고 헤매고 있지만, 앞으로 엄마보다 더 멋지게 성장할 나의 딸에게 부끄럽지 않은 엄마가 되도록 지금 이 순간을 즐기며 살아갈 것이다.

# 혼자지만
# 혼자가 아닙니다

이규진

명지대학교 기계공학과 교수

1996년 서울대 기계공학부에 입학하여 박사 학위까지 12년이 넘는 세월을 한 학교에서 보냈던 2000년대 관악산 지킴이. 미국 콜로라도 National renewable energy laboratory에서 박사후 연구원으로 이차전지 시스템을 연구한 후 명지대 기계공학과에 임용되어 이제는 10년차 교수이다.

# 평범에서 소수로, 소수에서 유일로

딱히 여자라서 못할 일은 없다고 생각하며 자랐다. 90년대 대한민국의 교육 환경은 지금보다는 못할지언정 이미 남녀의 차별이 거의 개선된 상황이었다. 대학 진학은 절대적으로 성적을 기준하여 결정되었고, 고등학교 커리큘럼도 여학생은 기술 과목 대신 가정 과목을 공부해야 했던 것을 빼면 별반 손해 볼 것이 없었다. 거기다 우리 부모님은 아들딸에 대한 포부와 기대가 공평하게 장대하신 분들이었으므로, 나는 내가 하고 싶은 일을 여성이라서 못한다고 생각해 본 적이 없었다. 로봇 태권 브이나 마징가 제트를 만드는 과학자가 되는 것이 꿈이었던 어린이는 주변에 언제나 많았으므로 나는 그냥 그렇게 평범한 꿈을 키우며 컸다.

그런데 대학 진학을 기계공학계열로 결정하는 순간, 내 진로가 평범하지 않을 수 있다는 것을 깨닫게 되었다. 내가 기계공학과를 지원한 사실이 여고에서 스캔들처럼 회자되었다. 복도에서 나를 붙잡고 기계공학과는 대체 뭘 공부하는 곳이냐고 묻던 친구의 호기심 어린 눈은 당황스럽기까지 했다. 그때까지 주변 여학생들이 공대, 특히 기계공학과에 대부분 관심이 없다는 사실을 자각하지 못하고 있었기 때문이었다.

그리고 대학 입시 본고사 시험장에서 남학생들만 가득한 걸 눈으로 보고서는 실감하게 되었다. '내가 꿈꾸던 진로에서 나는 여성이라는 소수자가 되겠구나. 지금처럼 단순하고 평범하게 다수의 삶을 누리는 것이 어렵게 되겠구나.' 실제로도 그랬다. 서울대 기계항공공학부 96학번 270여 명의 학생 중 여학생은 4명이었다.

95년에는 2명이었고 97년에는 8명이었으니 늘어나는 추세였지만 여전히 한 줌이었다. 몇 명 안 되는 여학생들이니 학교생활에서는 많은 배려를 받았다. 교수님들도 선배들도 소수인 여학생들을 챙기려고 노력하셨다.

하지만 그럼에도 불구하고 헤쳐 나가야 할 일은 많았다. 당시까지만 해도 기계공학과에는 왜곡된 남성적 성의식과 군대문화가 만연했고, 특히 여자 선배들은 그 문화 안에서 고군분투하며 조금이라도 여성들이 함께할 수 있도록 뜯어고치는 노력을 해야 했다. 신입생 새터에서 경쟁적으로 자랑하던 성적 표현들이나 강압적 얼차려를 여성 선배들이 나서서 근절시켰던 것부터 시작이었던 것 같다. 2월 엄동설한에 상의를 탈의하고 얼어붙은 논밭에서 머리를 박았다던 신입생 새터 얼차려는 여학생들의 노력을 시작으로 막을 내렸다고 했다.

그 변화의 과정이 당연히 순탄할 수만은 없었다. 여학생회의 목소리가 반발과 거부감을 사는 경우도 많았다. 일례로 전통처럼 지속되었던 여대와 기계공학부의 합동 MT가 여학생들의 주장으로 우리 학부 단독 MT로 바뀌었는데, 이에 반발한 남자 동기들로 인해 MT 자체가 아예 무산되기도 했다. 이에 대해서 나는 졸업한 지 20년이 지난 후 교수가 된 동기를 만났을 때조차 원망을 들었다. 여학생들 때문에 MT를 가지 못했다는 것이다. 내 입장에서는 억울하기 짝이 없지만 그 친구의 투정을 받아 주어야 했다.

그러한 과정에 여학생 동료들이 있어 서로 힘이 되었다. 소수이지만 혼자는 아니니 목소리를 낼 수 있는 것들이 있었다. 그런데 대학을 졸업하고 대학원으로 진학하면서 더 이상 소수도 아니게 되었다. 그 이후의 나는 내가 속한 그룹이나 사회에서 언제나 유일한 여성으로서 존재하게 되었으니까. 대학에서 열 명 남짓하던 여학생들은 사회로 나가면서 뿔뿔이 흩어졌다. 그중에 기계공학과 관련이 있는 분야를 택한 대부분의 여학생들은 각자의 자리에서 유일한 여성이 된 셈이었다.

대학원 실험실에서도 나는 홍일점이었고, 박사후 과정으로 미국 National Renewable Laboratory에서 근무할 때도 우리 센터에 연구원 중 여성은 거의 마주친 적이 없는 행정가 센터장님을 제외하면 나뿐이었다. 명지대학교 기계공학과에 임용될 때도 여성 교수를 최초로 임용하면서 다들 걱정이 많으셨다고 한다. 공대에서조차 10년 만의 여성 교수 채용이었으므로 학과에서 파격적인 결정을 내렸다고 평가하시는 것을 들었다. 그렇게 나는 나를 동료로 맞이하는 것이 조심스러운 존재였다.

현재도 다를 것이 없다. 따로 여성위원회 모임을 만들어서 가지지 않는 이상 학계나 산업계에서의 거의 대부분의 모임에서는 홍일점인 경우가 많다. 게다가 성평등이나 다양성 정책 추진의 결과로 청색일변의 그룹에 홍일점으로서 초빙되는 경우도 많아졌다. 기계공학은 우리나라만이 아니라 미국이나 그 외 다른 국가에서도 성비가 가장 불균형한 분야일 것이다.

내가 경력이 쌓이면서 소수에서 유일한 여성이 된 것처럼 전문가 그룹으로 갈수록 성비 불균형은 더 심해진다. 나보다 위 세대에서 기계공학과에 여학생이 거의 없었기 때문에 경력 있는 전문가라고 할 여성이 적은 탓도 있다. 그런 면에서 앞으로는 조금씩 나 같은 홍일점은 사라지지 않을까 하는 희망을 가지고 있다.

최근 대부분 대학민국 대학의 기계공학과에서 여학생 비율이 10% 내외가 되는 것으로 알고 있다. 2000년대 초반에는 여학생의 비율이 빠르게 증가하였으나 10%에 도달한 이후로는 정체하고 있다는 점이 안타깝지만, 지난 20여 년에 걸친 여성 인재의 배출로 일단 절대적인 숫자가 많이 늘어났다. 박사 등 전문 영역에 진출하는 숫자도 늘고 있으니 조금만 더 버티면 여성 후배들이 나타나 줄 것이다.

## 인삼밭의 고구마

홍일점은 쉽지 않다. 남들 앞에 나서는 것을 즐기지 않는 나로서는 더욱 어려운 자리이다. 일단 내가 기억하지 못하는 많은 사람들이 나의 이름과 얼굴을 기억하고 있다는 사실부터 어려움이 시작된다. 등교길에 지하철역에서 핫도그를 사 먹었다는 사실을 학교에 도착하기도 전에 동기들이 알고 있다는 사실에 압도되었던 기억이 있다. 심지어 그 시절에는 핸드폰도 없었다.

내가 실습 시간에 부러뜨린 드릴비트에 대한 소식도 우리 학부를 건너 전기공학부까지 금방 퍼져 나갔고, 매년 그 수업을 듣는 후배들에게도 전해졌다고 했다. 그쯤 되니 수업 시간에 결석을 했는지 여부나 나쁜 시험 성적에 대한 소문을 생각하면 노이로제가 올 것 같았다. 그래도 그때는 다행히 동료 여학생들이 있어 서로 감싸 주며 꿋꿋하게 잘 놀러 다녔다.

지금이라고 다를 것도 없다. 근거 없는 소문을 남을 통해 들을 때도 있다. 내가 H라인 스커트에 꽂혀 하이힐과 코디를 하고 다닌 어느 학기에 노처녀 이규진 교수가 연애를 한다 아니다 요즘 열심히 선을 보고 다닌다더라 하는 소문이 있었다고 한다. 스타일만 보고 소문이 난 것도 그렇지만 그 소문을 듣고도 아무도 나에게 확인해 보지 않았다는 사실도 재미있었다. 점잖으신 우리 학과 교수님들께서는 소문을 듣고도 혹여 내게 실례가 될까 봐 누구도 묻지 않으신 것이었다.

그렇게 홍일점은 관심과 배려를 동시에 받게 된다. 임용된 이후 아직까지도 내가 유심히 지켜보고 있으며 깨어지지 않은 루틴이 있는데 그것은 "이탈리안 레스토랑 회식"이다. 명지대학교 공대에서 신임교수 환영 식사가 이탈리안 레스토랑에서 있었다. 그때 학장님께서 여교수님이 오셔서 처음으로 회식을 이런 식당에 잡아 보았다고 하셔서 고맙고 당황했던 기억이 있다. 그런데 그게 한 번의 이례적인 일이 아니었다. 지금까지 기업이든 학교든 내가 참여하게 되는 많은 식사 자리는 이탈리안 레스토랑에서 이루어지며, 항상 "제가 이규진 교수님 덕에 올해 처음으로 파스타를 먹네요."와 같은 말을 듣게 된다.

당연히 나는 식당 선정에 어떤 의견도 내놓은 적이 없다. 심지어 그런 말씀을 듣고 나면 부담감에 체할 것 같은 기분이 된다. 물론 반복되는 이 루틴이야말로 여성 동료와 일해 본 경험이 거의 없는 고지식한 공학계열 남성 전문가분들의 최선을 다한 배려임을 알고 있다. 본인들의 불편함을 감수하는 이 배려에 항상 감사한 마음을 가지고 있다. 다만 나는 여성 전문가가 늘어나고 남성 기계공학자들이 여성과 더불어 일해 본 경험이 누적되면서 별스러울 것도 없고 부담될 일도 아닐 날이 빨리 오기를 꿈꾼다.

홍일점을 향한 이 배려와 관심이 무서울 때도 있다. 여전히 나를 긴장하게 하는 요소이기도 하다. 나는 여성이기 때문에 내가 바라지 않았던 수준까지 높은 관심과 배려를 받게 된다. 동시에 관심받은 만큼 평가의 대상이 된다. 관심이 높은 만큼 평가도 예상치 못한 것까지 이루어진다. 그리고 내 평가의 결과는 나 하나에게만 적용되는 것이 아니다. 나는 여성의 대표가 아님에도 불구하고 내가 하는 잘못이 너무나도 쉽게 여성 전체의 단점과 약점으로 표현되는 것을 보아 왔다.

그래서 나의 미흡함이 혹여 여성 후배의 진로에 방해가 될까 두려운 마음이 들 때도 있었다. 하지만 어쩌겠나. 평범한 기계공학자인 내가 어쩌다 보니 여성이어서 후배들에게 미안하다고 할 수도 없는 노릇이 아닌가. 부족하지만 최선을 다해서 여성 후배들에게 누가 되지 않도록, 할 수 있다면 조금이라도 도움이 되도록 노력할 뿐이다.

〈인삼밭의 고구마〉라는 일상 웹툰이 있다. '도대체' 작가의 만화인데 다음과 같은 내용이다. 인삼밭에 고구마가 하나 있었다. 고구마는 자기가 인삼인 줄 알고 살며 행복해하고 있었다. 옆에 있는 인삼은 행복해하는 고구마가 질투 나서 "너는 고구마야!"라고 진실을 알려 주었다. "내가… 고구마라고? 으아아아아!"라고 잠시 충격을 받은 고구마는 곧 자신이 고구마라는 사실에 행복해하며 여전히 행복하게 살았다.

이 만화는 인성이 못생긴 인삼을 꼬집는 것을 주제로 했겠지만, 내가 이 만화를 여전히 기억하며 좋아하는 이유는 내가 고구마처럼 되고 싶기 때문이다. 인삼밭의 고구마로 살고 있는 내가 고구마임을 즐기면서 고구마로서 할 수 있는 일을 해내면 되지 않을까?

# 공학적 사고와 인문학적 감성을
# 지닌 여성 엔지니어

임미소

코오롱 미래기술원 미래연구소 수석연구원

경북대학교 고분자 공학과에서 석사 학위를 취득했고, 2006년에 입사하여 17년째 코오롱인더스트리에서 근무 중이다. 회사에서 고분자 소재 개발을 약 10여 년간 진행하였고 이후 신사업 발굴 및 사업 확장을 위한 연구 개발을 진행 중이다.

여성 엔지니어로서의 '나'와 두 아이의 엄마로서의 '나', 그리고 사회의 한 구성원으로서 '나'의 역할을 모두 다 잘하고 싶은 40대 여성이다. 엔지니어가 된 과정과 가정을 이루고 사회 구성원으로 성장한 과정에서 내가 느끼고 생각한 이야기가 후배들에게 도움이 되길 바란다.

## 엔지니어로 성장하기까지

난 공대에 입학할 때 뭔가 큰 꿈이 있던 건 아니었다. 그저 영어보다는 수학이 좋았고, 사회보다는 과학을 잘했다. 그래서 고등학교 시절 이과를 선택했고, 언니가 화학공학을 전공하면서 자연스럽게 영향을 받아 고분자 공학과에 입학하게 되었다.

대학 1학년 때는 그저 대학생이 되어 자유롭다는 생각으로 친구들과 어울려 놀기 바빴고, 2학년부터는 매주 보는 전공과목 시험으로 시험의 굴레에서 하루하루 최선을 다하는 것이 나의 본분인 줄 알았다.

그래서 나는 대학 시절 동안 미래에 대한 고민이 크지 않았다. 대학 수업에서 교수님이 가끔 말씀해 주시는 엔지니어가 그저 나의 미래가 될 거라 막연히 생각했다. 엔지니어들은 제조 현장의 문제를 해결하고, 새로운 기술을 연구하고 적용하는 뭔가 굉장히 중요한 일을 하는 사람들처럼 느껴졌었다. 지금 돌이켜 보니, 순진하고 순수한 마음으로 엔지니어를 동경했던 것 같다.

그렇게 엔지니어가 어떤 일을 하는지, 여성 엔지니어에게 있을 수 있는 어려움은 무엇인지 생각하지 못한 채 어느 날 나는 한 기업의 엔지니어가 되었다. 그렇게 막상 엔지니어가 되어 공장이라는 곳에 갔을 때, 나는 깜짝 놀랐었다.

화학 기반의 제조 공장은 우리가 TV에서 보던 회사 사무실의 모습이 아니었다. 사람들은 낯설기만 한 작업복을 입고 있었고, 낡았지만 반질반질한 사무실의 물품들은 이곳이 공장임을 말해 주는 듯했다. 또한 그곳을 지켜 온 경륜 높은 엔지니어들은 관리자라는 이름으로 사무실에 위압감을 주었고, 실무를 진행하는 엔지니어들은 너무나도 바빠서 얼굴조차 보기 힘들었다. 사무실에 들어서기만 해도 회사라는 큰 조직이 갖는 무게를 느끼게 해 주었다.

그 당시 내가 입사한 때에는 공장에 여자 엔지니어가 많지 않았다. 그로 인해 기존의 남성 중심의 업무 관행이나 문화가 많이 남아 있었던 시절이다. (지금은 상상할 수 없는 일이지만 회의를 하며 담배를 피우거나, 늦은 밤까지 근무를 강요하고, 근무 시간 이후에 회식 참석을 강요하는 문화가 2000년 후반까진 남아 있었던 것 같다.)

결국 학교 때 꿈꾸던 엔지니어는 그저 상상 속의 엔지니어일 뿐 현장의 엔지니어와는 다르다는 걸 깨달았고, 그때부터 3년간은 고민과 갈등의 시간을 보냈다. 다만 나의 인정에 대한 욕구와 잘하고 싶다는 성취욕이 나를 그곳에 묶어 두었고, 회사 내에서 수여하는 몇 가지 상들을 받으면서 동기 부여가 되어 근근이 버티었다. 다행히도 난 입사 후 3년이란 기간 동안 3번의 부서 이동이 있었고, 일에 대한 다양한 경험과 여러 선후배들을 만나 일하면서 내가 잘할 수 있는 일과 조직을 찾아갈 수 있었다.

지금은 여성 엔지니어도 많이 늘었고, 사회 전반의 변화로 조직 문화도 많이 바뀌어 예전에 비해 근무 환경은 많이 좋아졌다. 하지만 내가 할 일이 무엇일지 내가 소속될 조직이 어떤 곳인지에 대해 잘 알지 못하고 회사에 입사한다면, 지금의 후배들도 나와 같은 고민과 갈등의 시간을 겪게 될지도 모른다.

그래서 나처럼 흘러가는 대로가 아닌 가능하면 많이 공부하고, 찾아보고, 알아보고, 고민하는 과정을 입사 전에 거치기를 바란다. 물론 찾아보고 알아보는 과정이 어렵게 느껴질 것이다. 그렇지만 이 책을 읽고 있다는 것부터 그 과정의 첫걸음을 내디딘 것이라 생각한다. 목표가 생긴다면 나처럼 시행착오를 겪는 시간을 보내기보다는 나의 가치를 높이는 시간을 더 가질 수 있을 것이고, 보다 전문성이 높은 엔지니어로 성장할 수 있을 것이다.

## 회사에서 엔지니어가 하는 일, 그리고 여성 엔지니어

회사에서 엔지니어는 기술직과 연구직에 종사하는 두 직군으로 나눌 수 있겠다. 간혹 기술직은 엔지니어로 부르고, 연구직은 개발자로 부르며 둘을 나누기도 하지만, 결국 업무 특성상 모두 엔지니어의 범주에 들어간다고 생각한다.

일반 기업에서 기술직 엔지니어는 생산성 향상을 위해 여러 공학적 문제에 대해 과학적 해석 혹은 이론을 바탕으로 이를 해결하는 사람이다. 그래서 주로 생산 현장과 가까운 곳에서 일하며 생산 프로세스를 정립하고 개선하는 역할과 현장직 사원들을 관리하는 역할을 하게 된다. 연구직 엔지니어는 기존 생산 제품에 새로운 개념을 더하거나, 기존에 없었던 개념을 바탕으로 신제품을 개발하는 역할을 하게 된다.

난 입사 후 1년간은 기술직 엔지니어, 그 후 16년간은 연구직 엔지니어였다. 하지만 역할로 구분해 보면 1년간은 기술직 엔지니어의 역할을 했고, 그 후 10여 년간 기술직 엔지니어와 연구직 엔지니어의 양쪽의 역할을 했고, 현재는 연구직 엔지니어의 역할을 하고 있다.

일반적으로 화학회사의 엔지니어라고 하면 다들 하얀 가운을 입고 비커를 기울이는 모습을 먼저 떠올릴 것이다. 하지만 내가 입사한 회사는 기초 화학이 아닌 응용 화학에 기반을 둔 제조업체였다. 회사의 업무는 실험가운보다는 작업복이 어울렸고, 비커보다는 큰 교반기를 사용하는 업무가 더 많았다.

여자라서 힘(물리적)에 부치는 일도 있었고, 남자들이 대부분인 조직 문화에 힘(정신적)이 빠지기도 했다. 그러나 여성 엔지니어가 하는 일은 결국 남성 엔지니어가 하는 일과 차이가 없다. 모든 일은 공학적 이론에 바탕을 둔 가설이 실제 현장에서 동일하게 적용되는지를 밝히는 과정이고, 그 과정을 통해 차별화된 제품을 만드는 것이다. 여자라서 힘에 부치는 일을 맞닥뜨렸을 때 여자이기에 다른 일을 요구하지도, 다른 대우를 요구하지도 않았다.

젠더의 다름에서 오는 신체적 · 정신적 어려움은 있을 수 있다. 이러한 어려움은 여성 엔지니어가 아니더라도 사회 모든 영역에서 있을 수 있는 일이라는 것을 인정하는 것에서부터, 엔지니어로 성장할 수 있는 마음의 뿌리가 내려지는 것 같다.

어려움을 극복하고 나면 장점을 더 부각할 수 있는 기회가 온다. 회사에서 인정받는 많은 여성 엔지니어들을 만나면서 그들 특유의 리더십이 있음을 발견했었다. 칼 같은 냉철함이 있지만 온화한 말투와 배려가 느껴지는 눈빛을 가진 분들이 많았다. 그분들과 같이 일하며 난 여성 엔지니어의 가장 큰 장점은 인문학적 감성에 있다고 생각하게 되었다. 엔지니어가 하는 일이 공학적 해석을 바탕으로 하는 일이긴 하나, 이 또한 결국 조직 안에서 사람이 하는 일이다. 사람의 마음을 움직이는 일, 마음을 움직여 조직을 하나로 만드는 리더십은 인문학적 감성이 있는 엔지니어가 더 잘 해내는 일이다.

나는 공학적 사고와 인문학적 감성을 겸비한 여성 엔지니어가 더 많아지길 늘 바라고 있다.

## 여성 엔지니어에게 유리 천장이 있을까

내가 회사에서 본 나의 선배 그리고 후배 여성 엔지니어는 모두 유능했다. 일에서도 관계에서도 다양한 장점을 가진 여성 엔지니어들이 많지만 나보다 선배인 여성 엔지니어는 손에 꼽히며, 신입으로 입사해서 임원까지 된 선배는 한 분뿐이다.

여성 엔지니어들에게 눈에 보이지 않는 벽은 있다고 생각한다. 그런데 그 벽은 성차별이 있어서 생기는 벽이 아니라, 절대적 소수가 될 때 생기는 벽이라 생각한다.

이젠 옛이야기로 치부되지만, 나를 비롯한 나의 선배들은 화장실이 없는 공장에서 테스트를 하다가 화장실을 가기 위해 멀리 있

는 건물까지 왔다 갔다 하거나 그냥 참고 테스트가 끝날 때까지 버
텼다는 이야기들을 최근에도 우스갯소리로 하곤 한다.

이러한 불편한 상황은 공장 내에 여성 인력이 거의 없었기 때문
에 일어난 일이었고, 어느 날 입사한 여성 엔지니어들 때문에 회
사 측에서도 난감해하던 일이기도 하다. 이런 경험은 여성 엔지니
어에게 불편한 마음을 안겨 주고, 내가 이곳에 있어도 되는 것인
가 의심하게 만들고, 내가 잘할 수 있을까 불안한 마음까지 들게
만들었다.

화장실은 만들면 되고, 실제로도 만들어졌지만 많은 여성 선배
들이 신입 시절 겪은 화장실 사건들을 이야기하는 것을 보면 불편
함에서 오는 불안감은 꽤나 오래 우리 마음에 남는 모양이다.

얼마 전 뉴스에서 장애우들이 이동권 보장을 위해 시위를 하는
뉴스가 있었다. 그들은 다름에서 오는 불편함을 개선해 달라고 시
위하는 것이었다. 난 그 뉴스를 보면서 알게 되었다. 이렇게 시위
까지 하는 것은 물리적 혹은 제도적 개선이 없는 현 상황에 대한
문제 제기이기도 하나, 그 외에도 소수인 그들에게 다수인 사람들
이 공감하거나 배려하지 않는 것에 대한 문제 제기였다.

회사도 마찬가지이다. 물리적 혹은 제도적 개선을 통해 모든 직
원의 편의를 가져올 수 있는 방안들을 고민한다. 그렇다 한들 소
수가 가지는 이면의 불안감은 늘 안고 있는 문제이다. 그래서 남
초(남성 초과) 조직에서는 여자가, 여초(여성 초과) 조직에서는 남자
가 불편해하고 불안해한다.

불편한 감정은 그냥 있는 그대로 인정하는 자세가 필요하다. 단
지 그 사실을 인지하고 받아들이면 된다. 그러고 나면 더 이상 소

수의 감정에 얽매이지 않게 되고, 불편할 뿐 불안해하지 않아도 된다고 인정하게 된다.

눈에 보이지 않는 벽은 있다. 조직 내의 소수에게 생기는 그 벽은 내가 앞으로 나아가는 데 불편함을 가져올 것이다. 다만 나는 그 벽을 인정하되, 뛰어넘지 못할까 불안해하지 않고자 한다. 우리는 우리가 할 일을 하면 되고, 그러다 보면 기회가 오고, 그 기회 안에서 우리가 성장한다면 유리 천장은 점점 얇은 유리막에 불가해지고 쉽게 넘을 수 있는 장애물로 작아지지 않을까 기대해 본다.

## 여성 엔지니어 혹은 워킹맘에게도 워라밸과 욜로를

워라밸(Work and life balance)과 욜로(YOLO: You Only live Once)는 다들 한 번쯤 들어 봤을 것이다. 여성 엔지니어이면서도 워킹맘인 내가 추구하는 두 가지 키워드이기도 하다.

학생 때 배웠던 매슬로의 욕구단계설에서 인간의 욕구는 5단계로 이루어진다고 하며, 이 욕구단계에 대해서 다음과 같이 표현했다고 한다. "하나의 욕구가 충족되면 위계상 다음 단계에 있는 욕구가 나타나서 그 충족을 요구하는 식으로 체계를 이룬다." 1단계는 생리적 욕구, 2단계 안전의 욕구, 3단계 애정과 소속의 욕구, 4단계 존경의 욕구, 5단계 자아실현의 욕구이다.

어느 날 인터넷을 떠돌다가 어떤 이의 글에서 직장인의 욕구도 이와 다르지 않다고 하는 글을 본 적이 있다. 먹고살기 위한 생리적 욕구가 있고, 안전한 직장을 바라는 안전한 욕구, 그리고 조직 안에서 동료들과 조화롭게 지내며 동료로부터 인정받고 싶어 하는 애정과 소속의 욕구, 상사와 부하로부터 존경을 바라는 존경의 욕구, 그리고 자신의 비전을 찾아 성장하고자 하는 자아실현의 욕구가 있다는 것이다.

이러한 직장인의 욕구에서 보면, 워라밸은 1단계와 2단계에 대한 욕구인 것 같다. 많은 직장인들이 워커 홀릭으로 살다가 나의 생존과 가족의 안위를 위협받지 않으면서도 회사라는 안전한 테두리 안에서 잘 지내고 싶은 욕구로 발전한 게 워라밸이 아닐까 싶다.

워라밸이 이뤄지고 나면 욜로를 꿈꾸지 않을까. 이는 4단계와 5단계에 대한 욕구로 보인다. 한번 사는 인생에서 존경받고, 자아실현도 하면서 회사에서든 개인 생활에서든 후회 없이 지금을 즐기면서 사는 것을 꿈꾸는 것이다.

한때 동료들이 나에게 워커홀릭이라고도, 야망녀라고도 했었다. 그때 난 매슬로의 욕구 단계에서 1·2단계를 채우지 않고 4·5단계인 존경과 자아실현을 꿈꿨었다. 그러다가 번아웃이 오고 우울증도 겪었다.

그 후 나를 돌아보고 내 자신을 들여다보기 시작했다. 내가 바라는 것이 무엇인지 지금도 찾고 있는 과정이긴 하지만, 기본적으로는 1·2단계를 채울 수 있는 워라밸을 꿈꾸고, 워라밸이 이뤄진다면 4·5단계의 욜로를 이루고 싶다.

나에겐 소중한 남편과 두 명의 아이가 있다. 결혼이 처음이고, 아내가 처음이고, 엄마가 처음이라 어찌할 바를 몰랐던 시절이 있었다. 그리고 내 역할이 뭔지 알았을 땐 회사와 가정의 밸런스를 잡지 못해 번아웃이 되기도 했다. 그러는 사이 아이들은 훌쩍 커 있고, 남편과는 공유할 취미도 할 이야기도 많지 않아졌다.

이 글을 읽는 여성 후배들에게 말해 주고 싶은 것은 한번에 너무 많은 욕구를 채우려 하지 말라는 것이다. 매슬로가 얘기한 것처럼 "하나의 욕구가 충족되면 위계상 다음 단계에 있는 욕구가 나타나서 그 충족을 요구하는 식으로 체계를 이룬다."는 법칙을 생각하며 하나하나 이뤄 가길 바란다.

그렇게 해도 늦지 않고, 그렇게 해도 목표에 도달할 수 있으며, 그렇게 해야 지치지 않는다고 말해 주고 싶다.

그리고 나의 욜로가 무엇인지 많은 생각을 가지길 바란다. 나는 12년간 앞만 보고 달리다가 지난 5년간 나의 욜로가 무엇인지 고민 중이다. 회사에서 가정에서 나는 어떠한 존경과 어떠한 성취를 이뤄 나갈 것인가를 정의하고 조금씩 수정하는 과정에 와 있다.

이 책이 출간될 때쯤 나는 육아휴직 중일 것 같다. Next 직책에 대한 고민이 있어야 하는 17년 차 연구원이 휴직을 한다고 했을 때 처음엔 다들 그냥 해 보는 소리로 생각했고, 그다음엔 설득하려 하고, 그다음엔 나의 커리어를 걱정했다. 하지만 난 더 큰 도약을 위해서는 가정의 평안과 나의 안위가 바탕이 되어야 한다고 생각한다. 지금의 '쉼' 이후의 나의 '성장'이 세상에 도움이 되는 여성 엔지니어가 되는 힘을 줄 것이라 생각한다.

이 글을 읽는 여성 엔지니어와 여성 엔지니어를 꿈꾸는 후배들도 가정의 평안과 자신의 안위를 잘 이뤄 나가길 기원하고 성공한 리더로 성장하길 응원하며 이 글을 마칩니다.

# 디지털 세계에서도
# 따뜻한 나를 꿈꾸며

조수정

포스코 Smart Factory 기획그룹 리더

경북대 전자전기공학과 학사 학위, 포스텍 석사 학위를 취득한 후, 2004년부터 포스코에서 약 19년간 근무하였다. 주로 제철소 공정, 설비 관련 시스템을 운영하고 개선, 신규 구축하는 업무를 수행하였고, 2017년부터는 본격적으로 Smart Factory를 기획하고 정착하기 위한 업무를 추진하였다. 현재는 Smart Factory 기획 리더로 재직하며 여성 후배 양성에 많은 관심을 가지고 있다.

# 모든 일들은 연결되어 있다

나는 지극히 아날로그적인 사람이다. 대학에서 전자공학을 전공하고, 지금 최첨단 기술을 활용하는 Smart Factory 업무를 수행하고 있지만 전자책(e-book)보다는 종이책 질감을 느끼면서 독서를 하는 것이 이해가 더 잘되고, SNS에서의 관계보다는 전화·만남을 통한 인간 관계가 나에게는 좀 더 의미 있게 다가온다.

중·고등학교 학창 시절에도 수학·물리보다는 영어·세계사 수업이 훨씬 재미있었지만, 사회에서 활용성이 높은 전자공학을 전공하게 되었고 그렇게 이공계인의 삶이 시작되었다. 처음 포스코에 입사해서 배치받은 일은 제철소의 열연공장(두툼한 직육면체 철강 덩어리인 Slab를 1차로 압연해 좀 더 얇은 Bar 상태로 만들고, 이를 다시 압연하여 얇은 철판을 만들고 두루마리 휴지처럼 둥글게 감은 형태의 코일을 만드는 과정)에서 프로세스 컴퓨터(Process Computer: 공장 단위의 공정을 관리하고, 자동 제어를 위한 시스템)를 운영하는 일이었다. 당시, 2열연 공장의 제어시스템 리뉴얼에 참여하면서 시스템의 전반적인 내용을 파악할 수 있었고, 열연 공정에 대해서도 공부하게 되었다. 이때는 몰랐다. 이 업무가 향후 나의 커리어가 시작된 첫 발걸음이었다는 것을….

프로세스 컴퓨터(Process Computer) 운영 업무를 하고, 그다음에는 설비 관련 시스템을 운영하는 부서에서 일했는데, 그 시기에 대외적으로는 빅데이터(Big Data) 분석 기술이라는 화두가 생기기 시작했고, 당시 설비의 가동 상태(정상, 이상) 관리를 넘어선 설비 관리의 패러다임을 변경하고자 조업과 설비의 데이터를 서로 연계 분석하는 새로운 형태의 시스템 개발을 시작하게 되었다.

그 프로젝트의 리더가 되었고, 이때 개발한 시스템이 바로 2열연 공장에 적용되었다. 평소에 잘 알고 있던 현업 부서 직책자 및 담당자분들께서 적극적으로 협조해 주셨으며, 약 3년간 열연부 사무실에 자리를 만들어 프로젝트의 성공을 위해 긴밀하게 협업하였다. 내가 입사해서 처음 맡았던 업무와 두 번째 중요한 업무가 연결되는 순간이었다.

포스코에 대해 처음 생각나는 이미지는 거대한 장치와 설비, 웅장한 공장들이지만 실제로는 첨단 시스템, IT신기술에 대한 도입과 적용에 굉장히 적극적인 회사이다. 4차 산업혁명이 대두되고, 빅데이터(Big Data), AI 등이 부각되면서 신속하게 Smart Factory 관련 조직들이 만들어지고, 사내에 어떻게 도입하여 적용할지 검토하는 업무가 시작되었다.

2017년에 제철소에 Smart Factory TF 조직이 처음 생겼는데, 나도 그동안의 업무 경험을 바탕으로 Smart Factory의 시작을 함께할 수 있었다. 지금도 관련 업무를 수행하고 있고, 그동안의 발전 모습, 변화 모습을 함께할 수 있어서 나에게는 굉장히 의미가 깊은데, 돌이켜 생각해 보면 내가 포스코에서 진행했던 하나하나의 일들이 모두 모여서 지금의 나를 만들었다.

당연한 이야기이지만, 회사 생활에서 주어진 일들은 빛이 나는 일들도 있고, 묵묵히 수행해야 하는 일들도 있다. 때로는 시행착오를 겪기도 하고, 힘든 부분이 생기기도 하지만 그 모든 경험과 지식이 쌓여서 결국 내가 주도적으로 잘할 수 있는 일들이 만들어지므로 모든 일에 최선을 다하는 것이 결국 최상의 결과를 만들어

낼 수 있다고 생각한다.

## 나의 경쟁력은 나를 잃지 않는 것이다

내 이름 수정(水靜)에는 깊은 뜻이 담겨 있는데, 외할아버지께서 손수 지어 주신 이름으로 뜻을 풀어 보면 '물이 고요하다'는 의미이다. 침착하고 온화하게 상대를 대하고, 물이 흐르듯 순리대로 살아가라는 뜻인데, 그 의미를 되새기며 살아가려고 노력하고 있다.

내가 입사했던 시점에는 제철소에 여성 엔지니어가 거의 없었다. 우리 부서에도 나 혼자였고, 같이 입사한 동기들도 대부분 남자들이었다. 어느 장소에서든 눈에 띄었고, 또 많은 선배님들께서 항상 잘 챙겨 주셨다. 조용한 성격인 내가 중후장대하고 와일드한 환경에서 근무를 잘할 수 있을까 걱정도 많이 되었지만, 나는 내가 가진 본모습대로 회사 생활을 하는 것이 최선이라고 생각했다. 온화하고 친절하게 주변 사람들을 대하고, 일할 때도 최대한 소통할 수 있도록 노력했다.

물론 부족한 모습도 많이 가지고 있지만, 상대방의 의견을 듣고 공감하려고 많이 노력하는 편이다. 그래서 주변에서 종종 상담 요청이 오기도 하고 때로는 하소연을 들어 주는 일들도 많은데, 다양한 상황들에 대한 해결책을 모두 제시해 줄 수는 없지만 누군가의 마음을 알아주는 것이 내 주장을 강하게 말하는 것보다 훨씬 더 큰 효과가 있다는 것을 경험하기도 한다.

내가 주로 하는 일들은 새로운 기술과 업무에 대한 전략을 수립하고 관리하는 것인데, 기술 개발의 목표는 결국 직원들이 좀 더 좋은 환경에서 일하고 능력을 발휘할 수 있도록 돕는 일들이다. 그래서 항상 직원과 우리를 둘러싼 이해 관계자들에게 따뜻한 마음을 유지하는 것이 중요하다고 생각한다.

코로나로 인하여 IT기술이 더욱 부각되었고 비대면 업무가 확대되면서 사람들 간의 직접적인 인간관계는 줄어들었지만, 소통과 연대, 협력이 더욱 중요한 시대가 되었고, 그래서 미래에는 아날로그적인 감정과 인간다움이 더 중요해질 것 같다.

## 후배들과 내 딸을 위해서

예전에는 제철소에서 일하는 여성 엔지니어가 흔치 않았으나, 지금은 굉장히 많은 여성 후배들이 근무하고 있는 것을 보면 사회가 그래도 조금씩 변화하고 있는 것 같다. 청소년 시절에 나는 어른이 되면 근사한 정장을 입고 사무실에서 일하게 될 것이라고 막연히 생각했었는데, 제철소 첫 출근 날 파란색 작업복을 입은 내 모습이 어색하여 조금은 마음이 이상하기도 했다. 지금은 나에게는 가장 편한 복장이지만 말이다.

회사를 다니면서 결혼을 했고 업무와 육아를 병행해야 하는 상황에서 항상 둘 다 제대로 못하고 있다는 자책을 많이 했었다. 물론, 나는 친정 부모님이 포항에 살고 계셔서 아이들 육아에 헌신적인 도움을 받았지만, 언제나 스스로 부족하게만 느껴졌다.

지금 후배들을 보면 그때의 내 모습을 다시 돌아보게 된다. 회사에서의 커리어 관리 및 성장과 가정에서의 역할을 병행하면서 몸과 마음이 지치기도 하고, 항상 바쁘게 부지런히 움직이고 있지만 부족한 결과들이 나올 때는 속상하기도 한다. 그리고 가족들에게 모든 마음을 쏟지 못하는 미안한 마음도 가질 때가 많지만, 결국 시간은 흘러가고, 이제는 나도 좀 더 큰 역할을 하고 가족들도 독립적으로 잘 생활하는 것을 보면 고마운 마음도 든다. 나 스스로 그 과정을 겪어 온 것을 칭찬하고 싶지만, 가족과 주변 동료들의 배려와 지원으로 지금까지 올 수 있었다는 것이 더욱 감사한 일이다.

과거보다는 여성이 일할 수 있는 환경이 훨씬 좋아지고 육아를 지원하는 제도들도 많아졌으며 인식도 많이 변화하였다. 아직 보완해야 할 사회적 제도들과 문화가 남아 있지만 나 스스로를 위해서 그리고 후배들, 더 나아가서는 내 딸을 위해서라도 작은 변화를 하나씩 이뤄 내는 것이 필요하다고 생각한다.

나 역시 그러한 시행착오와 경험을 후배들에게 알려 주고, 그 마음을 공감하며, '나'다움을 잃지 않고 같이 소통할 수 있는 좋은 관계를 지속적으로 가지고 싶다. 언제든 찾아올 수 있고, 마음 터놓고 이야기할 수 있는 선배가 되기 위해 초심을 잃지 말아야겠다.

# 여성 공학인의
# 새로운 기회를 찾아서

최원희

이화여자대학교 인공지능융합전공 교수

전자공학과 인지과학을 전공하고, 삼성 종합기술원과 삼성전자에서 리더로 20년간 살아왔다. 치열한 경쟁을 잠시 떠나고 싶어, 정보통신산업진흥원(NIPA) 전문위원으로 재직하며 국가 과학기술산업의 발전에 잠시나마 참여하였다. 최근에는 후배 양성에 관심을 가지게 되어 이화여자대학교로 자리를 옮겼다. 그와 함께 스타트업 멘토링, 대학생 멘토링, 여성인력 멘토링 등을 수행하고 있다.

처음 이 글을 요청받았을 때, '내가 이런 글을 쓸 만한 사람일까?'라는 생각을 하다가 문득 작년에 책을 쓰기 시작할 때의 마음가짐이 떠올랐다.

"우리나라 엔지니어들을 존경하며 그들의 저력을 믿는다. 목표를 정하고 엔지니어의 '피 땀 눈물'을 갈아 넣으면 안 될 것이 없기 때문이다(세상을 바꿀 수도 있다!!). 이제는 남이 정해 주는 목표 말고 스스로 철학을 갖고 부표를 찍고 앞으로 나아가는 엔지니어들이 많아지면 좋겠다. 짧은 기고문과 논문 외에 처음 써 보는 글이지만, 후배들에게 멘토링을 할 때 들려주고 싶었던 얘기들을 글로 쓴다고 생각하면서 시작했다."

이 글은 연초에 출간한 『돈이 되는 메타버스』 머리말의 일부이다. 이처럼 한국에서 여성 공학인으로 살아오면서 고민하고 겪었던 일 중에 후배들에게 공유하고 싶은 것들을 지금부터 이야기해 보려고 한다.

2022년 1월 출간한 책 『돈이 되는 메타버스』

# 공대 나온 여자, 세상에 눈을 뜨다

대학 시절 선배들이 종종 농담으로 던졌던 '세상에는 세 가지 성이 있다. 여성, 남성 그리고 공대 여성'이라는 말이 생각난다. 여성과 남성은 알겠는데, 공대 여성은 무엇일까? 일반 여성으로 분류하기 어려운 무언가가 있다는 의미일 텐데, 공대는 무엇이 다르기 때문일까?

우리나라에서 공대를 나왔다고 하면, 대부분 대기업에서의 안정된 직장 생활을 생각한다. 다시 말해, 자신의 사업을 하기보다 누군가로부터 주어진 문제를 풀기 위해 직장에 소속되어 열심히 연구 개발하는 이들이 공학인으로 대표된다. 이를 조금 더 극단적으로 표현하면, 나의 목줄을 남에게 쥐어 준 꼴이기도 하다. 왜 그럴까?

다른 분야에서 일하고 있는 친구들과 후배들에게 물어보니 그들은 "경영대나 인문대 사람들은 기본적으로 내가 직접 그 일을 하려고 하지 않는다."라고 대답했다. 즉, 공대를 다니거나 나온 사람들은 전반적으로 내가 무엇을 할 수 있는지, 내가 무엇을 만들 수 있는지에 좀 더 관심을 가지며, 자신이 직접 무엇인가를 하는 것에 노력을 쏟는 것을 선호한다고 한다.

반면, 타 분야를 전공한 이들은 대체로 각 분야의 사람들을 효율적으로 활용하여 현 상황에서 최적의 결과를 추구한다고 한다. 일리가 있는 얘기지만 공대 나온 기술 매니저들도 역할을 분담해서 일하고 있으니 그 정도라면 얼마간의 경험만 쌓으면 되는 것이 아닌가?

전자공학을 전공하고 대기업에서 연구만 하던 공학인으로 살아가다가 사회에 눈을 돌리게 된 계기가 있었다. 이전의 나는 사회나 경제에 무관심했고, 오직 개발하고 있는 기술, 논문, 특허에만 관심이 있었다. 실제로 2002년 월드컵 때도 실험실에 있었다. 당시 내가 가장 멋지다고 생각한 사람은 실험실에서 '밤낮없이 연구하다가' 문제 해결의 실마리를 찾아내는 연구자였다.

그러다가, 2010년쯤이었던 것 같다. 삼성에서 의료기기 사업을 본격적으로 추진하기 위해 컨설팅 업체와 내부 전문가 몇 명을 TF(task force)팀으로 꾸려서 사업 가능성을 검토하는 데 나도 기술 전문가로 합류하게 되었다. TF팀의 컨설턴트들은 TF사무실 근처에 레지던스를 얻어서 늦은 밤까지 자료를 검토하고, 보고서를 쓰는 등의 일을 하고도 새벽 6시에는 말끔한 모습으로 해외 현지와 컨퍼런스 콜을 하면서 자신들을 몰아세웠다.

그러면서도 삼성의 사장단들을 설득하기 위한 논리를 세우고 스

토리텔링을 하기 위해 토론을 하였다. 기술을 연구하는 사람도 아니고, 자기 회사의 존폐가 달린 것도 아닌데, 6개월 이상 열정적인 모습에 경외감마저 갖게 되었다. 그들은 프로젝트 기간 동안 마치 그 일을 추진하는 CEO, CFO, CMO, CTO가 된 듯이 금융, 마케팅, 기술 등의 관점에서 고민하고 토론했다.

나는 틈날 때마다 그들과 대화를 하면서 세상을 바라보는 폭넓은 그들의 시야와 전 세계를 대상으로 일하는 그들의 삶의 방식에 매료되었다. 그러나, 무엇보다도 그들은 기술 하나를 평가할 때 기술 자체만을 보지 않았다. 단순한 기술의 발전 방향을 넘어, 전 세계 경제의 흐름, 국가별 산업 방향, 인구구조 변화까지 포함하는 새로운 틀로 기술을 바라보았고, supply-chain의 발생가능한 bottleneck은 무엇인지, 누가 돈을 지불하는 고객이며, 누가 그 기술을 가치 있게 만들 수 있는 사용자인지 등 여태껏 내가 보지 못했던 것들을 보여주었다. 기술의 발전만 파며 고작 특허 맵 하나 그리고는 뿌듯해 하던 나는 세상을 다시 본 기분이었다.

이러한 경험은 나에게 새로운 자극이 되었다. 개발에만 매몰되어 정작 기술을 사용하는 사람은 없어지는 일이 발생하지 않도록 기술을 오직 기술로만 평가하는 틀을 깨야 한다는 생각과, 내가 연구하고 개발하는 기술이 사회의 발전 방향에 있어 어떤 가치를 갖는지 고민하게 해 주었다. 한편으로는 그들은 어떻게 저런 시각을 갖게 되었을까 하는 궁금증이 일었고, 그때부터 나는 각종 경영 서적, 재무회계 서적, 마케팅 서적들을 읽었고, 나의 편협한 지식을 넓히고자 노력하였다.

## 나의 가치는 내가 만들어 가는 것

공학뿐만 아니라 다양한 지식이 쌓이면서 이것들을 실제 적용해 보고 싶은 충동이 일었다. 그러나 대기업의 기술 개발 리더로 있으면서는 다양한 활용처를 찾기에 한계가 있었다. 그러던 차에 회사 내 C-Lab(스타트업 인큐베이팅 프로그램)을 멘토링하는 봉사로 스타트업과 인연이 닿았다. 이와 더불어 지인의 소개로 재능 기부의 형태로 스타트업 대표를 멘토링하게 되었다. 이러한 스타트업 멘토링은 나에게 새로운 활력을 주었고, 스타트업의 열악한 환경을 알게 해 주었다.

한편, 한 기업에서 엔지니어, 연구자의 삶을 충실히 살다 보니, 어느덧 100여 건의 특허를 확보하고 있었다. 그렇게 보유한 등록 특허들 가운데 제품에 10년 넘게 적용되고 있는 기술들이 제법 있었다. 이런 특허들에 대해서는 '자사실시보상'이라는 이름으로 큰 금액은 아니지만 소소하게 금전적 보상을 주었다.

이렇게 얻게 된 보상금을 좀 더 사회에 기여하는 방향으로 쓰고 싶다는 생각이 들었다. 내가 멘토링하고 있던 회사들 중 경제적으로 지원이 필요한 회사들을 조금씩 돕는다는 마음으로 투자를 하게 되었다. 그렇게 투자하기 시작한 것이 지금은 어느덧 16개의 회사를 투자하였다.

열정과 시간이 있는 스타트업과 경제적 여유와 노하우가 있는 나의 연결 고리는 적절한 선순환이라는 생각이 든다. 앞으로도 지금과 같은 후배 육성과 멘토링에 남은 열정을 쏟을 생각이다. 이것이 나의 가치가 될 것이라 믿는다.

## 껍질을 깨고 Just Do It!

좋은 마음으로 시작한 스타트업 투자이지만, 이것을 위해 금융 관련 재무 및 투자에 대해 알아야만 했다. 그렇게 금융 공부를 시작하면서 '공학인은 정년이 있지만 금융인은 평생이다.'라는 말을 들었다. 그 말을 한 사람은 나를 격려하려고 한 말이겠지만, 내 안에서는 '공학인이 어때서…?'라는 말이 턱밑까지 나왔다. 그러나 현실은 녹록지 않은 것 같다.

얼마 전 한 일간지에 난 기사에서 '국내 주요 스타트업 창업자 현황'이라는 글을 보았다. 주요 스타트업 대표들의 출신 학교와 전공을 말하고 있었다. 쿠팡(정치), 우아한형제들(디자인), 마켓컬리(정치), 뱅크샐러드(경영), 당근마켓(경제), 샌드박스(법학), 직방(통계), 와디즈(경제), 토스(치대), 리디(전기공학), 패스트파이브(산업공학)까지 총 11개의 국내 굵직한 스타트업들 중에서 오직 2개의 기업만 공학을 전공을 전공한 대표였다. 여기다 여성 공학인은 더욱 찾기가 어렵다. 즉, 우리가 여성 공학인으로서 스스로의 가치를 만들고 나의 목줄을 누군가에게 쥐여 주기 싫다면 우리는 좀 더 적극적으로 행동해야 한다.

'Done is better than perfect!' 이것은 스타트업의 신화가 된 메타의 사내에 붙어 있는 글귀이다. 완벽을 추구하기보다 우선 해 봐야 한다는

# DONE IS BETTER THAN PERFECT

것을 강조하는 것이다. 우리가 가진 기술을 이용하여 세상을 이롭게 할 수 있다면 망설이지 말고 도전해 보자. '스타트업 창업', 여성 공학인이어서 못할 것이 있을까?

여성 공학인으로 살다가 어느 순간 나를 돌아보니, 두려움은 나에게 아무런 도움이 되지 않았고 '해 보고 후회하자'는 마음가짐으로 바뀌어 있었다. 할까 말까 망설이는 순간이 오면 '그냥 하자(Just Do It!),' 일단 하고 나면 후회를 하더라도 배우는 것은 생긴다. 이런 마음가짐은 현재의 나를 더 멋진 미래의 나로 만들어 주지 않을까? 우리 모두를 더 멋진 미래로 만들어 줄 것이라고 믿는다.

끝으로, 여성 공학인으로 스타트업을 창업했다가 혹시라도 서러움이 생기면 언제든 연락주면 좋겠다. 어떤 도움이든 도움이 되는 선배이고 싶다.